金商道

The positive thinker sees the invisible, feels the intangible, and achieves the impossible.

惟正向思考者，能察於未見，感於無形，達於人所不能。 —— 佚名

零基礎也不怕

史丹佛給你最好懂的經濟學

個體經濟篇

The Instant Economist

Everything you need to know about how the economy works

提摩太・泰勒 Timothy Taylor——著
王培煜——審訂 林隆全——譯

This edition published by arrangement with Plume, a member of Penguin Group (USA) LLC, A Penguin Random House Company.

導讀

王培煜（現任康科特股份有限公司財務主管）

從「美中貿易大戰」、「二〇一九經濟成長率」到「台北股市收盤行情」……在這個資訊爆炸的年代，我們生活周遭（包括電視與報紙及網路新聞報導）充斥大量的經濟詞彙；事實上，這些經濟議題正左右著我們的生活。為了釐清相關的話題及事件，現代人對經濟學知識的理解其實是非常有必要的。本書改版自《史丹佛給你讀得懂的經濟學：給零基礎的你，36個經濟法則關鍵詞》一書，原書於二〇一四年第二季在國內出版上市，受到廣大讀者的好評，更獲得從國高中、大學相關科系（包括研究所）老師們、系主任推薦與採用，做為教材及指定讀本。

如何成為一個「即學即用」的經濟人（instant economist）？即使像品嚐即溶咖啡（instant coffee）般迅速，也一樣能忠於原味；為了讓更多人能夠成為對經濟議題可以侃侃而談的經濟人，原書作者馭繁就簡、深入淺出，從史丹佛大學經濟熱門課程講義，華麗變身成為商業類暢銷書籍，使得國內外莘莘學子到普羅大眾都能受惠。中文版為了達到語句通順、易讀易懂，潤稿與審訂過程字斟句酌，盡可能重現「學經濟，讀這本就夠」的最大特色。

對初學者來說，如何選擇一本入門的書籍並不容易。本書原本就是為了史丹佛大學經濟熱門課程所精心設計的教材，再加上詳盡的中文版解說，成就了這本真正為讀者量身訂做的「生活經濟學」。本書之所以可貴，在於它運用生活中發生的小事為例，闡釋原本深奧的學理。例如：以菸癮，甚至是毒癮來說明「彈性」這個重要的經濟觀念（夠另類吧！）；最後再連結、延伸到退休金（可以對應到我們的軍公教年金改革）、油電混合車的購買誘因等應用。

一般經濟學教材不會討論個人投資議題，但本書卻特別介紹了這個大家都很關心的事情。從《個體經濟篇》第一章〈經濟學家如何思考〉開始就貫穿全書的重要觀念：「權衡取捨」（trade-offs）。我們可以觀察到，經濟學對個人最有影響力的運用時機，正是有關投資的行為；更建議投資一定要考慮其他三個要素，即風險、流動性以及稅負。這樣直截了當地把正確的經濟學思考模式與個人投資串聯在一起，讓讀者很容易就融會貫通。正如同個體經濟學總結所提到的「坦然面對權衡取捨和風險」，不僅是對個人的投資行為是如此，對整個市場機制乃至於政府施政所涵蓋的各種經濟議題和抉擇，其實也是要有風險意識與誠實面對的態度。養成讀者從生活中實踐經濟學是本書最大的企圖，「即知即行」也因此不再是艱難的課題。

至於一個國家所面臨的經濟問題，例如經濟成長和國際貿易收支餘額，還有整個社會的失業與通貨膨脹問題，這四個目標正好就是《總體經濟篇》所探討的主要課題。作者語重心長指出，經濟成長乃是長期間內影響生活水準的重要因素；落後與發展中國家終究還是可以利用「追趕式成長」來提高國內的生活水準。實務上，政府必須審慎施政，包括維持合理的貿易逆差、活絡的國內投資以及較高的國內儲蓄，才能適足以支應國內經濟成長。為了面對短期經濟波動所造成的高失業低通膨，或是低失業高通膨，短期間內重視需求的凱因斯派經濟理論正好可以提供解決方案。過往，經濟學界不同學派之間總是針鋒向對，本書作者則是在〈總合供給與總合需求〉及〈失業與通貨膨脹之取捨〉這二章節特別強調融合凱因斯派與新古典學派的「混合模型」，一方面因應短期經濟波動，另一方面兼顧長期經濟成長，這也代表了當代經濟學家的主流觀點。

衰退是所有社會都不樂見的事，為了兼顧短期波動與長期成長，我們必須依賴總體經濟政策的二種主要工具，即涵蓋租稅與財政支出的財政政策，以及包括中央銀行提高或降低指標利率（升息／降息）的貨幣政策。作為一個思考總體經濟的經濟人，在面對經濟環境的變化，像是對抗經濟衰退或是促進經濟成長，運用政策工具的時候就必須比一般人更加準確分析與審慎抉擇。

回顧過去十年，美國聯邦準備理事會曾經三度實施「量化寬鬆」貨幣政策，而在主要經濟體低通膨的情況下，歐洲央行以及日本的中央銀行也積極跟進。反觀美國停止「量化寬鬆」政策之後從二〇一五年十二月開始總共九次升息，卻沒有看到歐洲與日本的央行效法升息；而最近國際金融市場普遍預測美國二〇一九年可能完全停止升息，經濟成長趨緩的風險預料將再度席捲全球。聯準會是否升息的決策，對全世界持有美元資產及可能有美金借款需求的個人、企業甚至是國家而言，美國的一舉一動也都動見觀瞻。

全球化浪潮正使得一個國家或地區的金融危機迅速發展成國際金融風暴，而遭遇國際金融風暴必然的結果是經濟衰退。未來金融風暴的原因可能不再是網際網路泡沫破裂，或是次級房貸危機與金融機構倒閉；何時發生卻是經濟理論模型無法預測的。之前我們提到個人投資要考量流動性，而一個國家在面對金融風暴時，流動性更是穩定金融市場局面的救命金丹。

正如以上所說，像是權衡取捨、風險或是流動性這些經濟學的概念與觀點其實是環環相扣、前後呼應的。本書不僅帶您了解個體經濟學和總體經濟學的所有重要問題和熱門話題，也能讓您因此觸類旁通，在生活中實踐經濟學的要義。經濟學並不難懂，經濟問題也不難解，先從閱讀本書開始，建立一個正確的思考架構吧！

推薦序

大道至簡──《史丹佛給你最好懂的經濟學》

楊少強（商業周刊副總主筆）

德國物理學家、量子力學開山祖師普朗克（Max Karl Ernst Ludwig Planck）曾透露，他早年求學時本想選經濟學，後來覺得太難才選物理學。英國天才數學家兼哲學家羅素（Bertrand Arthur William Russell）卻說，他本來念經濟學，卻發現太簡單才改讀哲學與數學。那麼，經濟學到底是難、還是簡單呢？

事實是，經濟學又難又簡單。它難在經濟運作的規律，很少人能簡單明瞭地表達出來。它簡單在於：經濟規律不像化學、物理學規律那樣變化無端，它只是人性「趨利避害」的展現而已。

那麼，有沒有人能把簡單的經濟規律，用簡潔的方式表達出來呢？這本《史丹佛給你最好懂的經濟學》，正好就是這樣一本書。

這本書的原文書名是：*The Instant Economist*，直譯是「速成經濟學家」，這並非吹牛。因為經濟學就是探討人的行為的規律，它是由一連串概念組成的。一般人只要掌握這些概念，就足以像經濟學家那樣思考。事實上，經濟學家與非專家的差別，只在前者能用高深的數學，講述簡單的經濟原理而已。

這本書最大優點，正是以簡潔的文字解釋經濟規律。例如「股價漲跌是不可預測的，這就是經濟學家所謂的『隨機漫步』(random walk)。」（個經篇、第八章）。作者解釋「道德風險」：「擁有保險會使人比較不會採取預防措施，來避免或阻止壞事發生。」（個經篇、第十七章）

這些文字都沒有艱深術語，讀者很容易掌握這些概念。筆者對「李嘉圖均等定理」（Ricardian Equivalence）印象特別深刻，本書的解釋是：「當人們注意到政府預算赤字偏高時，便預期在未來某個時間點會增稅，因此必須增加儲蓄。」（總經篇、第十章）

當年筆者在讀總體經濟學時，教科書花了一整章、用諸多圖形解釋此理論，但本書作者兩三句話就解決，而讀者也能立刻理解此理論的涵義：政府支出增加會被私人消費下降所抵銷，因此財政政策無助經濟。作者若無深厚的經濟學素養，是很難如此「化繁為簡」的。

本書另一優點是：它不陳述標準答案，而是引導讀者思考不同論點。例如「最低工資」，經濟學理論說，此舉將導致低技術工人失業。但作者提出另一種論點：最低工資提高二〇%，假設使低階工人工作減少四%，但也意味著九六%的低階工作可以加薪。同時低階工人並非一年到頭都有工作可做，雖然他們工作時數減少四%，但他們有工作時卻可加薪二〇%。

筆者雖認為此說法站不住腳，但也被逼著去思考此邏輯是否正確。這正好顯示本書作者沒有偏見：當問題有正、反不同看法，作者並不急於將某一看法灌輸給讀者，而是希望讀者去思考這些看法背後的理由。這正是本書能帶給讀者們的收穫。

在筆者看來，本書也有缺點：談到所謂的「外部性」，作者雖有提到

「財產權」，但著墨不多。事實上在寇斯（Ronald Coase）、阿爾欽（Armen Alchian）、張五常等經濟學家的研究後，更有說服力的結論是：「外部性源自界定產權的成本太高」，「在自利驅使下，人們有誘因以各種手段去減少外部性。」因此政府管制往往是不必要的。這顯示本書作者對此概念並未抓住核心。

但這只是筆者個人吹毛求疵，畢竟此書不是學術論著，它是為一般人而寫的。《史丹佛給你最好懂的經濟學》涵蓋了競爭、寡占、利率、貿易餘額、總合供給與需求等議題，一般人只要讀完此書，就足以掌握這些經濟學概念。要知道許多在鏡頭前高談闊論的財經網紅專家，可是連這些最基礎的概念都沒有哩！讀完此書，就足以讓你不再被那些財經專家所欺，或許這正是本書的最大價值。

推薦序

讀懂經濟學的Before and after

小賈（懶人經濟學創辦人）

小賈的一天

小賈是剛出社會的新鮮人，他每天早上八點準時起床，花十分鐘到捷運站，再搭捷運去公司上班。

公司專做出口貿易。聽說最近有什麼「貿易戰」，他不太清楚那是什麼，但倒是有感受到最近工作愈來愈閒。

有多閒？老闆不在的時候他都在偷玩鬥陣特攻，只玩托比昂的他，玩了兩年、還是銀牌。玩了二個小時後，不但沒升分，還差點掉到銅牌。他心想：唉、去找美女同事Riva聊天吧！

在Riva眼裡，小賈雖然年輕又帥，但每天到公司就是偷打電動，還喜歡花錢買動漫公仔，十足是個油膩的小生。

眼見小賈走來，Riva心中已經不知道滑倒多少次了。「好油啊！還是快閃好了。」

撲空的小賈心裡有些失望，但他很快轉移心情，邊吃午餐、邊滑手機看新聞，看見某新聞台不斷提及一位政治人物：發大財君！

小賈心想：又是你！煩不煩啊！於是他在貼文留言了：「發你個頭，健保那麼貴有本事就全民免費……」，但他根本不確定健保費是不是「發大財君」的管轄範圍。

下班後，他在書店看見本書，心想自己工作也是經濟相關的，就買回家讀好了。沒想到，讀著讀著、欲罷不能。

小賈的隔天

小賈是剛出社會的新鮮人，他每天早上八點準時起床，花十分鐘到捷運站，再搭捷運去公司上班。

不過他今天注意到了，原來腳底下平整的柏油路、票價幾十塊的捷運，都是所謂的公共財，是自己辛苦繳的納稅錢。（個經篇、第十四章）

公司專做出口貿易。美女同事Riva問到為什麼最近工作那麼閒，小賈居然能說出什麼「一帶一路」、「中國製造2025」、「美國關稅政策」……都是最近公司沒生意的原因；甚至能深聊到「西歐民粹主義崛起」的話題，聽得Riva一愣一愣的。（總經篇、第十五章）

至於鬥陣特攻？當然照玩不誤，讀經濟學又不是讀道德經。不過小賈這次不選托比昂爬分了，改玩沒人選的坦克，沒想到勝率增加了不少，轉眼就升到了金牌。問他為什麼不玩托比昂？他說爬分是目的，玩坦克的機會成本是最低的，雖然不能玩托比昂的心理成本也蠻高的。（個經篇、第一章）

午餐時間，Riva主動靠過來，問桌上的公仔是哪個動漫人物？小賈說：是什

麼不重要，我知道妳覺得我很愛亂花錢。但妳知道嗎？不把這些錢花掉的話，每年通貨膨脹一樣會把這些錢吃光！（總經篇、第七章）

「當然，花在妳身上的效益更高。」Riva心中的小鹿亂撞、滑倒了好多次。

月底發薪水了，小賈開始幫自己制定儲蓄計畫，因為看完書後他發現財富自由是很重要的，也看了一些理財商品，用不可能三角去驗證他們的真偽：收益率、流動性、低風險是不可兼得的。（個經篇、第八章）

下班後，小賈回家路上邊滑手機看新聞，又看見某新聞台不斷提及的那位政治人物：「發大財君」，於是他又貼文留言：「發大財當然好，請問市長的經濟政策是什麼？今年的財政預算又是如何編列的？」（總經篇、第八章）

把這本書讀透，你便能活得更明白。

前言

在豪宅裡對上流社會人士讚揚經濟學家多有智慧，就像是在街頭宣揚政治人物有多忠誠信實一樣，簡直是天方夜譚。面對種種偏見，我仍然強烈主張經濟學有助於我們了解這個世界。內人說經濟學是我的宗教，而我是傳道人，所以才如此堅信不移。

我也多次在研討會或各種社交場合，被要求推薦一本好讀的經濟學專書。他們並不想看讚美自由市場的書，或關於政府干預市場之必要的學術論文；他們對政治與政策自有看法，也有自知之明：承認自己的某些觀點，或多或少是建立在不可靠或不存在的經濟學認知上。

我能夠體諒這種狀況，坊間有太多經濟學專書，各種稀奇古怪的都有，我很難指出一本輕鬆易讀的非教科書，可以讓人完整了解經濟學的重要原理。我希望你正在閱讀的這本書，可以傳授個體經濟學和總體經濟學當中有用的知識。本書雖然不足以讓你有能力做出經濟預測，但絕對能使你更有自信且更有說服力地與人聊起經濟話題。

我知道你在想什麼，你懷疑我在企圖推銷某種經濟政策。如果是這樣，那我的政治立場傾向哪一方呢？這種懷疑論是可以理解的，但真相卻是：如果你懷疑本書內容會偏向自由派或保守派的經濟政策，或是任何政黨，我可以簡單回答「不會」。專業的經濟學家，無論他們的政治立場是什麼，都會借用我在本書將討論的工具和概念。因為，**經濟學不是一套答案，而是追尋答案的架構**。

舉例來說，我們可以把經濟學的研究分成兩大類：個體經濟學和總體經濟學。個體經濟學是從個人、企業的觀點展開，總體經濟學則是探討經濟的整體觀點。有一個古老但貼切的比喻：總體經濟學就像在看森林，個體經濟學則是看個別的樹木。學好經濟學的訣竅，就是對於森林和樹木兩者，能有一個整體的理解。

〈個體經濟篇〉我會先討論商品市場、勞動市場、資本市場如何運作，然後擴大範圍，討論不受約束的市場可能遇到的問題，例如獨占及缺乏競爭、汙染與環境危害，對於新技術、創新和大型公共基礎建設的缺乏等問題，貧窮和所得不均持續或上升，以及保險市場運作失衡。上述議題都提供了政府介入的潛在理由，但為避免太偏激，個體經濟學的最後一章會提醒讀者，民主政府試圖處理這些議題時也可能會失敗。

〈總體經濟篇〉則會探討包含經濟成長、失業、通貨膨脹、國際貿易、貨幣政策與財政政策等議題。

無論你對市場和政府各自扮演的角色有什麼樣的看法，我希望藉由讀懂經濟學、能讓你激發出不同的想法。我也希望它能夠提供一個語言和架構，讓你更清晰地表達自己的信念，並且在這時代的各種經濟論戰中，成為一個更聰明、成熟的參與者。

第一章

經濟學家如何思考

How Economists Think

對公共政策做出建議的經濟學，
大多只用到大學入門課程的程度。

經濟學家通常不是令人愉快的夥伴。傑出的史丹佛大學醫療經濟學家（編按：指將經濟學概念和方法應用於醫療服務和相關政策）維克托．福克斯（Victor Fuchs）總愛說：「和經濟學家說話，是治療失眠的特效藥。」

連經濟學大師都有自知之明了，那我們為什麼要研究經濟學？因為經濟議題是我們生活中很多重要事情的核心，不只工作與收入，也包含健康、教育、退休生活及國家未來在全球經濟的地位。如果你在日常溝通中涉及經濟議題（隨時都在你周遭發生），常需要具備「言之有物」的能力，也許你早已知道這可不容易。當你正客氣地聊到最低工資、預算赤字或全民健保，有人卻輕率插話：「可是經濟學原理說的是……」而且像跳針似的重複。根據我的經驗，人們賣弄的「經濟原理」只有五〇%的機率是正確的；但如果你不懂任何經濟學常識或知識，就無法反駁，只能點頭或聳肩。誠如英國女經濟學家瓊．羅賓遜（Joan Robinson）說：**研究經濟學的理由就是「為了避免被經濟學家騙」**。

實際上需要懂多少經濟學，你才敢參與社交或專業談話？說出來包你嚇一跳。赫伯特．斯坦（Herbert Stein）以美國政府經濟學家的身分擔任多種職務近五十年，他曾說：「思考國家經濟政策，只需要大學入門程度的經濟學知識就夠了。」在這憤世嫉俗的時代，也許這種說法並不令人驚訝，但重點是，你不必具備哈佛或史丹佛大學經濟學終身職教授資格，還是可以在大部分的日常經濟討論中堅持看法，你只需要搞懂經濟學家的思考模式就夠了。

我們先從經濟學的三個基礎問題開始：

- 社會應該生產什麼？
- 應該如何生產？
- 誰來消費所生產的東西？

這三個問題是每種經濟制度乃至每個社會的基礎，無論是資本主義、社會主義或共產主義，或是低收入、中等所得或高收入社會。尋找問題的可能答案時，沿著一條光譜來思考是有幫助的。在光譜的一端是政府完全管制：政府機關決定生產什麼、如何生產以及誰來消費。在光譜的另一端，你可以想像有一個社會，由個人決定這三個問題的所有答案。當然，在真實世界裡，只有極少數的社會處於這兩個極端。

讓我們沿著這條光譜移動，那意味著什麼？先不考慮無政府狀態，我們從另一端開始，政府在這裡只提供市場經濟的基礎：追訴盜竊、履行合約、提供最低限度的公共基礎建設（例如國防），這常被稱為「守夜人國家」（night watchman state）。沿著光譜再往前，你可以想像一個社會，稍微放寬政府的責任範圍，將道路和教育等公共服務納入。再接下來，有可能是所謂的社會安全網：國民退休年金制度與健保制度。若是治理範圍更廣的政府，可能會支援某些產業（如鋼鐵、農業），甚至擁有其部分股權；政府可能會控制食物或基本消費品（如住宅）的分配。在另一個極端，你可以想像有一個政府分配全部工作、全部住房及全部食物；政府決定了每個人該做什麼以及每樣東西的價格。

經濟學無法預測未來

在政府管制與個人自由之間的大辯論，長久以來一直是把光譜另一端的人當成傻瓜或怪物。但現代的經濟學承認每個市場各有優點，也承認在某些情況下市場運作可能會失靈，政府也許有能力福國利民。現代經濟學也承認會有政府干預卻仍然運作不彰的情況，換手讓市場來試試可能成效會更好。為了像經濟學家般思考，你必須務實，並跳脫市場與政府之間的意識型態之爭。甚至有必要深入了解市場實際的運作，並了解市場在運作不佳的情況下如何改弦更張。

搞懂經濟學的概念，有助於去除對經濟學的一些誤解。比如，經濟學並不能預測未來。常有人抱怨：經濟學家無法指出經濟衰退何時將開始或結束，或股市何時將上漲或下跌。的確，經濟學家不是算命師，無法預測可能會影響經濟體的消費或生產的每項因素。經濟學也與政治立場無關。很多人問我（通常是用客氣而暗諷的方式）是不是共和黨、民主黨、自由黨或綠黨，我得鄭重說明：經濟學與政治立場是毫不相干的。經濟學沒支持特定企業或勞工，也與黨派無關，經濟學只是一個思考問題的架構。

在進入經濟學家的思考模式之前，讓我們先來瞧瞧一些說法，大多數經濟學家視為理所當然，但多數非經濟學家卻沒想過這些事。

首先，**應該嚴肅看待「權衡取捨」**（trade-offs）。思考下面這個問題：假如政府需要增加額外收入，應該向個人還是企業徵稅？在公共論述裡，這問題容易被簡化成：「你關心哪一方？企業或人民？」經濟學家看到的格局更大：若要向企業增稅，企業要如何籌資？他們可以提高賣給消費者的產品價格，可以大砍高階主管獎金，可以削減股東股利，而這些方法都意味著其實某些人口袋裡的錢將變少。我要說的不是應否向企業增稅，而是關於企業課稅的任何敏感話題，都應該聚焦於實際上哪些人最後要來支付這筆稅款。同樣的，當媒體報導經濟議題時，他們大多用一個人來開始說故事。也許是志明最近被一家經營不善的公司資遣，或是春嬌的社會補助金被削減了。這手法稱為「在新聞裡放一張臉」，這也是一種有效的新聞寫作。但是當我聽到志明或春嬌時，我好奇的是有哪些人沒有出現在新聞故事裡，卻以不同方式受到同一議題的影響。如同經濟學家所說：「趣聞軼事並非資料。」很多經濟取捨都有一個特色：它能幫助某些人，卻同時傷害了其他人。經濟學家關心的是根據統計受到傷害或幫助的所有人，而不只是新聞報導裡的幾張臉孔。

其次是，**自利（self-interest）是組成社會的有效方式**。如果你問一些人：「假如社會裡每個人的行為都十分自私，會發生什麼事？」他們大多會說：「這將造成混亂。」但很多日常市場交易都仰賴自利，例如貨比三家以覓尋最佳價錢、賣房前等待一個好價格等等。經濟學始祖亞當．斯密（Adam Smith）[①]曾說：「每個人……通常既不打算促進公共利益，也不知道他促進了多少公共利益……他只盤算自己的安全……只盤算自己的獲利。而他在這麼做的時候，如同很多其他情況，被一隻看不見的手引導，去促成一個與他本意無關的目的。雖然與他本意無關，但也不會因此使社會更糟。藉由追求他自身的利益，頻繁地促進了社會的利益，比他認真設想促進社會利益還有效。」

看清那隻看不見的手

「看不見的手」（invisible hand）的概念，**就是在你追求自己的利益時，可能也會帶給別人好處**。舉例來說，藉由生產一個更好的商品，你同時改善了使用者的生活。亞當．斯密明白「看不見的手」並非經濟體或社會所有困難的仙丹妙

①亞當．斯密（1723-1790）：英國蘇格蘭哲學家暨經濟學家，所著《國富論》為第一本試圖闡述歐洲產業和商業發展歷史的著作，本書發展出現代的經濟學學科，也奠定了現代自由貿易、資本主義和自由意志主義的理論基礎。

藥，但經濟學家認為自利是一股強大的力量，當它被適當引導，就可為社會帶來各種好處。

舉例來說，若要宣導節約能源，你會怎麼做？你可能會舉辦一個大型公關活動，在電視或校園裡宣傳。但經濟學家很可能會說：「要人少用汽油？那就課稅吧，人們就會減少用量。想要廠商開發更省油的汽車？那就補貼這種技術，廠商就會研發讓它成真。想要人們在家使用更多太陽能？那就租稅抵減，人們就會投入額外的錢安裝設備。」如果有某個東西你想要少一點，就用租稅抑制它；想要多一點，就用補貼鼓勵它。基於各種理由，有些個案的抉擇可能是聰明或不智的公共政策（本書稍後會詳細討論），但至少它們採用了誘導法，而非忽視問題。

所有成本都是機會成本（opportunity cost）。**當你做一個選擇，你沒有選擇的東西就是經濟學家所謂的「機會成本」**。例如若想雇人打掃你的房子，假設每次打掃要花一五〇美元，每個月打掃二次。你可以說打掃房子一年要花三千六美元；或打掃房子所花的錢相當於在海灘度假一週。真正的成本不是你已經花的錢，而是你放棄的東西。用機會成本來思考，將包含沒有用錢來衡量的成本。若你是全職大學生，放棄了可以用來做其他事的時間（包含工作賺錢），這個機會成本就是你上大學的成本之一。

價格是由市場決定，而非生產者。你可能聽過某人說：「房東調漲了我的租金。」或「油公司調高了燃料價格。」或「銀行提高了我的利率。」但是當汽油價格下跌時，你不會聽到任何人說：「噢，這些油公司真慷慨，真好，讓我們這些勞工喘口氣。」利率調低時，人們並不會說：「這些銀行真慷慨，真貼心，少向我收點利息。」對經濟學家來說，這些褒貶都是基於錯誤的假設。經濟學家從不懷疑房東、油公司、銀行都是貪婪的，而且試圖盡其所能賺取最多的錢，他們無時無刻不貪婪。他們提高房租、價格與利息，不是因為想這麼做（他們一直都這麼做），而是因為市場的供需情況在某種程度上改變了，才促使他們做了這個決定。

沒有人可以得到想要的每樣東西，也沒有社會可以得到想要的每樣東西，因此，取捨是不可避免的。在人們有各種技能與欲望的現代經濟社會中，問題在於如何協調決定生產什麼、如何生產以及為誰生產。

第二章

分工

Division of Labor

經濟學的一部分，即是了解並分析市場經濟每天所協調完成的豐功偉業。

我們現今的世界，即使是看起來簡單的消費品，也經常透過一個涉及全球的複雜過程來生產，我們以鉛筆來說明。一九五八年，經濟學教育家李奧納多．里德（Leonard Read）[2]寫了一篇文章〈我，鉛筆〉（*I, Pencil*），描寫鉛筆絕妙的生產過程。木材來自北卡羅萊納州，在那裡砍伐、運送和加工。鉛是斯里蘭卡生產的石墨與密西西比州開採的黏土之混合物，兩者的結合過程又是在另一個地點完成。鉛筆外觀的黃色塗料是用蓖麻子做成的，需要三個步驟（種植、運送、製成塗料）。支撐橡皮擦的黃銅套管，是用鉛、銅和鎳合成，它們也必須被開採、運送與提煉。橡皮擦是印尼的蔬菜油、義大利的浮石與各種黏性化學製品的混合物。想像一下，光是做橡皮擦就需要多少步驟？在這篇文章中，里德宣稱世界上沒有人可以獨自從頭包辦製作鉛筆，而他很可能是對的。

鉛筆是可拋棄式的，如果掉了一支在地上，你很可能會不假思索讓它滾到旁邊。但是製作一支鉛筆所花費的工夫，仔細想想卻是令人驚嘆的。更令人驚訝的是，社會上的每樣東西，幾乎都是這種近乎神奇的經濟協調的成果。

這個分工，為生產商品的廠商與國家經濟創造了顯著的經濟利益。它是如何

②李奧納多．里德(1898-1983)：一九五〇年代開始稱自己為自由意志主義者，是以現代意義來使用libertarian一詞的開端。隨後創建經濟學教育基金會。

辦到的？

分工使工人能聚焦於他們最適合做的事，又使企業能充分利用當地資源。如果你經營冰淇淋生意，設計標籤與照顧乳牛的人很可能不是同一位。同理，你可以在威斯康辛飼養乳牛，但你需要較溫暖的氣候種植甘蔗。從不同地區取得合適的工人和合適的資源，就有更好的生產力。

隨著不斷練習，技術工人通常會變得更有生產力。在汽車製造業，組裝線上的工人通常最能想出執行任務的新方法。當需要服務時，無論是找醫生或美髮師，我們都想找有經驗且專業的人。有些組織也朝專業化發展，聚焦於一個或數個所謂「核心能力」的企業，會比試圖做每件事的企業做得更好。

分工使企業得以利用規模經濟（economies of scale）。「規模經濟」是個專有名詞，用來說明大廠相對於小廠可以用較低的平均成本來生產。一年生產一萬輛汽車的工廠，可以運用專業化與生產線的優勢；而一年只生產一百輛汽車的小廠，每輛車的生產成本會高很多。規模經濟的概念，有助於這個世界合理化的運作。如果沒有規模經濟，每個小城鎮都將會有很小的工廠，生產非常少量的汽車、冰箱、衣服和其他產品。但是在一個善用規模經濟的世界，一個地區會大量生產一種東西，然後和生產別種東西的其他地區進行貿易。分工不只在一個廠商內部發生，也在一個社會甚至國與國之間發生。舉例來說，汽車製造業並非在美國各地均勻分布，而是大部分群聚在從密西根州到阿拉巴馬州這條由北到南的縱貫線上。

一個高收入社會通常比低收入社會有較大規模的分工，富國的老百姓不需要知道電子學、紡織或製乳方面的任何事情，不需要知識或技能來生產消費者需要的每樣東西，因為專業化與貿易提供了獲得智慧型手機與乳酪起司的管道。相反的，你可以購買那些內含各種不同知識的商品，然後藉由你自己高度專業的工作來支付這些消費，市場經濟就是協調這種精密分工的社會機制。就如經濟學家羅伯特．海爾布隆納（Robert Heilbroner）所說的：

> 絕大多數美國人不曾種植農作物、捕捉獵物、飼養牲畜、把穀物磨成麵粉，甚至把麵粉製成麵包。面對穿衣或建造自己住家的挑戰，他們完全缺乏訓練且毫無準備。即使只是修理身邊的機器，也得打電話給社區的其他人，請人來修理汽車或水電。很矛盾

的，也許一個國家越富有，人民在獨自無助時沒有生存能力的情況就越明顯。

分工能增加企業、國家以及全球經濟的產量。就如工人或企業，國家也可以發展專業化的技能與專長。最近全球貿易有一個重要趨勢，有人稱為「價值鏈分解」（breaking up the value chain），意即更廣泛分散的生產零件。所謂「美國車」或「日本車」，在過去曾是有意義的區別，因為當時一輛汽車上的所有零件，幾乎都是在美國或日本製造。時至今日，汽車椅套可能是在某個國家做的，彈簧在另一個國家生產，而零件又是在第三個地方製造。這些零件如此頻繁的跨國往返移動，以至於這輛車真正是在哪裡製造，可能並沒有明確答案。關於國際貿易的利害得失當然是複雜的議題，稍後會深入探討。但整體而言，每個國家專精於特定產品乃至於特定服務，這樣的分工對所有參與者都更有利。

倉庫管理經濟學

有個比喻可幫助你了解高度分工的社會。想像一下，整個社會生產的所有商品，可以收納在一個倉庫裡。當你生產出某個東西，就把它帶到前門；當你想買某個東西，就繞到後門取貨。分工意味著我們都在生產不同的東西，並把它們送進這個大倉庫。結果出現了一個現象：進入倉庫的東西跟離開倉庫的東西必須是一樣的。生產或儲存一個沒人要用或沒有特別功能的商品，是沒有意義的；還有一個要避免發生的情況是，很多人在倉庫後門等待某個買不到的商品。

那麼該如何調節進出倉庫的東西呢？很不幸，榮譽制度不是一個務實的解決方案。想一想學生宿舍裡的冰箱：宿舍有個共用冰箱，你會把東西放進去，並希望每個人都會把他用過的東西償還回來，也希望你在想喝咖啡時總有牛奶可加。但結果每個打開冰箱的人都發現，裡面總是塞滿酸掉的牛奶和腐壞的披薩，可見這個方法在學生宿舍是行不通的。在一般社會，一樣行不通。

社會需要一個制度，制定出人們送進倉庫及從中取出的商品價值，以及可以連結雙方的某種方式。如果某人把一個沒人要的產品送進倉庫，那東西不會有任何價值；如果某人把東西送進倉庫，而倉庫裡已有很多類似的東西，但只有少數人需要它，那麼它的價值就是低的。相反的，把某個東西送到倉庫，若是很多人渴望擁有且幾乎買不到，那麼這個產品就有較高的價值。

在市場經濟裡，**送到倉庫及從中取出的商品價值，是由供給與需求決定的。在市場經濟裡，商品的價值就是它的價格**，付一個價錢買商品，這種方式提供人們一種誘因，使他們得謹慎選擇從倉庫取出的東西，且不要取出超過需要的數量。市場經濟裡的勞動價值，則表現在支付的工資或薪水，這又提供了誘因，讓人們願意提供對別人有價值的商品或服務。價格機制與供需的力量（這是下一章的重點）是市場經濟如何協調人們分工，並且使進出市場經濟這個大倉庫的物品互相配合的方法。當然，用倉庫作比喻有其限制，它沒有涉及公平、貧窮、汙染、租稅或法規的議題。我在後面的章節將討論這些課題。

理論上，倉庫要放進和取出什麼東西，可以由市場上人們的互動來決定，或是由政府乃至雙方的某種組合來決定。但無論如何，每個社會都必須回答經濟學的這三個基本問題：**生產什麼？如何生產？誰來消費？**

一個分散化的市場經濟，透過分工而運作得如此美妙，提供廣泛、實用的產品與服務，這使得生活在高收入國家的人民視為理所當然。我們有時聽聞在某些沒有市場經濟的地區，當地政府限量供應大部分商品，店裡能夠買到的商品種類和價格都很糟；如果那些人有天站在富有國家的現代化超市或大賣場的貨架通道時，他們一定會嚇得目瞪口呆。

經濟學的一部分，即是了解並分析，同時也讚嘆，市場經濟每天所協調完成的豐功偉業。

第三章

供給與需求
Supply and Demand

知道每樣東西的價格，卻不知其價值，
這就是經濟學家。

你應該了解經濟學家是如何看待這個世界的：分工導致商品與服務的交換；社會必須以某種方式協調所有的生產與消費。全球所有高所得的社會，如美國、加拿大、日本和西歐國家，主要是透過市場安排來調節他們的經濟，且或多或少受到政府的影響。讓我們更深入觀察各個市場在整體經濟裡是如何協調合作的。

我們從一張循環流向圖開始，根據家庭和廠商這兩個群體之間所經過的三個市場──商品、勞動與資本──中的商品、勞務與付款流程，來描繪整體經濟。

商品市場包含家庭購買的所有商品：食物、衣服、家具、理髮、電腦、電話服務等等。在商品市場中，產品從生產的廠商流向家庭；家庭對這些產品的付款則流回廠商。用經濟學家的術語來說，廠商是產品的供給者，而家庭是產品的需求者。

在勞動市場中，勞動從家庭（也就是工作者）流向雇用這些人的廠商。舉例來說，塔吉特百貨公司（Target Corporation）約有三十五萬名員工，公司以工資與員工福利的形式付費，流向工人及其家庭。在這個市場裡，供需的角色與商品市場顛倒：廠商需要勞工，而家庭供給勞工。

在資本市場裡，家庭投資金錢，無論是直接購買股票或間接把錢存在銀行，這些錢又會投資或借給廠商；家庭則收到廠商支付的股利與利息。因此，家庭是資本的供應者，而廠商是需求者（應該注意的是，廠商也可能供應資金，但他們是代表業主或股東的投資，也就是說，家庭仍是資本的供給者）。

循環流向圖顯示這三個循環如何透過家庭與廠商運行，以及這三個市場如何成為一個

循環流向圖

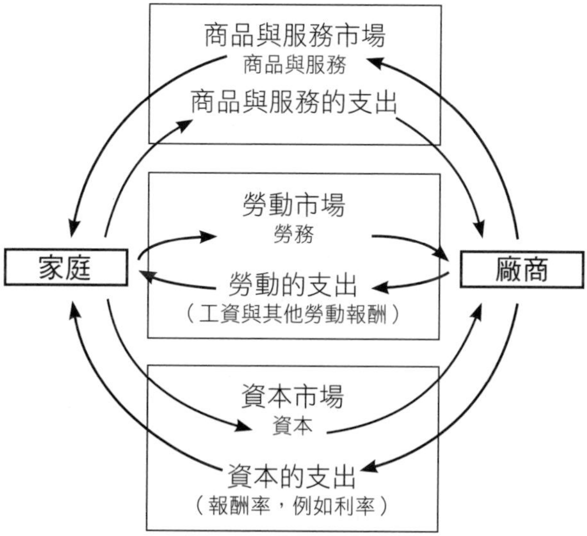

更大的、整合的總體經濟的一部分。稍後我們將研究政府和其他國家如何用這三個市場循環互動，但目前我們先來看家庭與廠商雙方，以及它們彼此牽動的三個市場。

交換價值與使用價值

三個市場中的第一個是商品市場，其價格從何而來？當很多非經濟學家談到價格時，說價格「太高」或「太低」，其實是把目前的世界和他們心目中的理想世界相比，所以你會聽到「護士薪資太低」或「汽油價格太高」這樣的話。對經濟學家來說，這就像說今天的天氣太冷或太熱，只告訴你某種感受，但沒有說明事情為什麼會這樣。

對非經濟學家來說，價格是有關於個人價值取向的價值承載（value- laden）。經濟學家試圖避免這類的價值判斷，我們稱作「鑽石與水的矛盾」（diamond-water paradox）。這個矛盾出自經濟學家始祖亞當・斯密，在《國富論》（*The Wealth of Nations*）裡區別了「交換價值」（value in exchange）與「使用價值」（value in use）。鑽石有很高的交換價值，如果你有一顆鑽石要交易，你可以換到很多錢；但鑽石沒有很高的使用價值，既不能吃，也不能修剪你的籬笆，要當作紙鎮也很難用，基本上就是無聊的奢侈品。相反的，水是生活基本必需品之一，遑論水的非基本用途，例如運輸和蒸汽動力；水有很高的使用價值，但非常便宜。在大部分地方，它免費供應，在正常情況下，它的交換價值相對較低。

顯然，交換價值與使用價值不一致。當我們決定一個東西的價格時，談的是哪一種價值？**當經濟學家談到價格時，指的就是交換價值**。一個商品的交換價值與其稀有性有關—商品值多少錢，是和多少人想要擁有它有關。鑽石價格高，是因為相對於鑽石的數量，很多人想擁有，因而得付出高價。水的價格低，是因為相對於可取得的水的數量，人們不願為它付太多錢。你可以說某人快渴死了，願意拿鑽石換水，但這不是常態。

劇作家奧斯卡．王爾德（Oscar Wilde）[3]曾把憤世嫉俗的人定義成「一個知道每樣東西的價格，卻不知道其價值的人」。這句話用來形容經濟學家也很貼切—注重每樣東西的價格，卻不在乎其內在的使用價值。為了像經濟學家般思考

③奧斯卡．王爾德（1854-1900）：愛爾蘭作家、詩人、劇作家，英國唯美主義藝術運動的倡導者。

價格，關於商品的使用價值，你必須排除心中的預設立場。一旦習慣以後，你就能從容區別價格和價值。你不必思考價格是否「正確」，或它是否準確反映你的個人價值觀。價格應視世界上的供需互動，即人們願意且能夠取得的狀況而定。

我在前面用到「供給」與「需求」這兩個專有名詞時，其實不是很嚴謹，但它們實際上有相當特定的意義。當經濟學家談到商品的需求時，指的是商品價格與需求量之間的關係。通常，當商品價格上漲時，需求量便有下滑的傾向。

替代效果與所得效果

這個概念可以很簡單的用一張圖來呈現。商品數量作橫軸，價格為縱軸。代表需求的曲線是向下傾斜的，表示當價格越低，需求量越多。

直覺上，這個型態是有意義的，但實際原因是什麼？經濟學家提出了兩個具體理由。其一是「替代效果」（substitution effect），當商品價格越來越高，人們有可能會拿其他商品取而代之。例如，當柳橙汁價格上漲時，人們會用其他飲料或維他命C來取代；汽油上漲時，就會少開車，或可能共乘一部車，或買一台更省油的車。

另一個理由是「所得效果」（income effect）。當商品價格上漲，你的所得購買力降低，以致不能像過去一樣每樣東西都買，你會買較少或是同樣的東西買少一點。舉例來說，如果你每天早上在上班途中喜歡買一杯特調咖啡，當你最愛的這種飲料漲到一杯一百美元時，你可能就無法每天都買，因為你的所得對咖啡的購買力降低了。即使價格只上漲一點，也會迫使你少買或以其他產品取代。

重要的是，當經濟學家用到「需求」與「需求量」的專有名詞時，別將這兩個名詞搞混了。**「需求量」是指在某一特定價格**

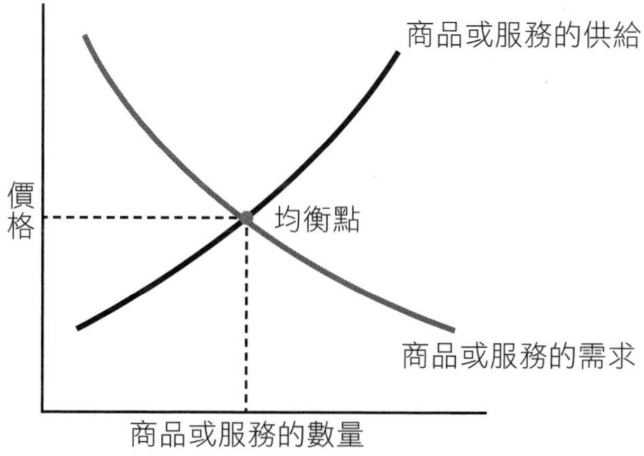

下，人們想得到該商品的特定數量。例：二〇〇九年，大約有一．二億袋咖啡是以每磅一．一五美元的價格售出。「需求」則是價格與需求量之間的關係。指的是在任何可能價格或每種價格下，人們想要該商品的數量有多少。例：當咖啡價格上漲，對咖啡的需求數量將減少。從這張圖來看，需求量是一個點，但需求是這條曲線。

這裡出現一個弔詭的問題：是什麼因素造成需求波動？答案不是價格，**價格會影響的是需求量，但不會使需求關係本身變動**。當經濟學家談到「需求」變動時，並不是在說一個點向上或向下移動；而是指在同樣的總量下，整條需求曲線向上或向下移動。我們談的是在縱軸的每個特定價格下，所對應的需求量變大或變小。什麼因素可以造成這樣的變動？

- 假如整體社會的收入上升，會怎樣？如果每個人都更有錢，那麼市場上大部分商品在每種價格下的需求量都會更多。
- 假如社會人口激增，會怎樣？如果有更多人需要該商品，則在每個價格下的需求量都會變多。

- 口味與潮流有什麼影響？某些商品暢銷與否，都是由社會決定的，例如人們消費更多雞肉、魚肉，就會少吃牛肉。在這個例子中，在任一特定價格下，雞肉和魚肉的需求量上升，牛肉的需求量下降。也就是說，雞肉和魚肉的需求上升，牛肉的需求可能就會下降。
- 替代品的價格變動又會有什麼影響？在先前的情境中，如果大多數人認為雞肉是牛肉的最佳替代品，那麼當雞肉價格上升時，人們的反應會是少買雞肉、多買牛肉。反之，如果雞肉跌價，人們就會買更多雞肉，以致牛肉的需求下降。

現在來討論供給。供給是指商品的供給量與價格之間的關係。當商品價格上升，供給量也容易上升，這是因為當價格上升，廠商會變得更願意供給商品。因此，需求曲線向下傾斜，而供給曲線向上傾斜。

也許裡頭包含了某些直覺，但經濟學家試圖詳述背後的具體理由如下：首先，當價格上升時，廠商就會想生產更多，以賺取更多利潤；再來，若價格上漲幅度夠大，就會有新廠商決定生產並加入這個市場。

美妙均衡

就如「需求」與「需求量」經常被搞混，人們對「供給」與「供給量」也弄不清楚。**供給量是指在某個特定價格下所生產的特定數量。供給是指在每種價格下生產多少數量**。供給量是一個點，而供給是一條曲線。

這裡又有一個弔詭的問題，這次是從供給的觀點：什麼因素會影響供給？答案一樣，不會是價格。價格會使供給量改變，但它不會使整條供給曲線移動。供給增加時，整個供給關係必須移動，以便在每個特定價格下，會供應更多數量。反之，供給減少時，在每個特定價格下，必須供應更少的數量。能夠使得供給如此移動的因素，有哪些例子？

- 假如技術改變，會怎樣？更便宜的生產方式，可能意味著在每個特定價格下，可以供給更多的產品數量。

- 假如生產受到天氣影響，會怎樣？這個因素對農業尤其重要。較佳的天氣意味著較高的收穫量，這表示在每個特定價格下，商品供給量較多；較差的天氣意味著較低的收穫量，表示在每個特定價格下，商品供給量較少。
- 要素價格（input price，或稱「投入價格」）改變，會有什麼影響？要素價格是製造商品所投入的成本。如果廠商使用很多油或很多鋼來製造產品，當油或鋼的價格上升，那麼在每個特定價格下，商品供給量將會下降。

現在我們準備探討供給與需求如何互動。讓我們思考一個基本商品，例如披薩，首先考慮的是低價的情況。在低價時，供給量相對少，因為沒有人想要生產該商品，但需求量可能是相當高的，因為很多人想要以這個低價買很多披薩。當披薩價格上升一些，餐廳就會生產更多，供給量會增加；但一旦價格上升，使得人們較不願購買，需求量就會下滑。當供給量上升且需求量下降，在某個點上，披薩需求量會等於供給量，這個點就稱為「均衡點」。

均衡點在實務上是什麼意思？如果商品的價格高於均衡點，那麼該產品的供給量將超出需求量，東西將開始滯銷；為了出清庫存，賣家必須開始砍價，直到人們願意購買。於是價格開始朝向這個均衡點下跌，讓供給量與需求量相等。**在均衡點這位置，有其特定的經濟意義：價格與數量是有效率的，沒有造成浪費**。就如同一部有效率的機器，沒有多餘的動作或額外的零件，一個有效率的市場也沒有多餘的產品或未被滿足的需求。

如果商品價格落在均衡點下方，那麼需求量將超出供給量。此時，人們往往排隊搶購該商品。供給者發現此現象，便會開始提高價格，結果導致需求量下降，供給量開始上升，直到這兩種數量再次相等，且價格達到均衡點。

均衡點是市場經濟的傾向，但這不是說市場總是處於均衡。市場達到均衡需要多久時間？市場通常多靠近均衡點？市場價格何時或是否會衝過均衡點而需要拉回？這些都是存在已久的爭論。在二〇〇五年前後，市場鐘擺開始擺到另一方之前，美國房價明顯轉向，有好幾年時間都在均衡點上方。但長期來看，市場通常會走向均衡。

需求或供給的任何改變（記住，是整條曲線的改變），都將使均衡點位移。以牛肉市場為例，如果消費者的收入上升，那麼牛肉的需求也會上升，結果就變成，市場上新的均衡點會落在較高的價格和銷售量。現在想像相反的情況，假如牛隻爆發疫情，導致牛肉供給下降，結果均衡點就會落在較低的銷售量與較高的價格。很多經濟學入門課程都會探討上述需求與供給位移的結果。

商品與案例或許不同，但基本模式是一樣的：考慮需求，考慮供給；從均衡點出發，思考需求或供給位移時會發生什麼事，思考新的均衡點會出現什麼樣的新價格與數量。供給與需求是一個架構，用來討論市場如何決定價格和數量，以及這些市場價格與數量為什麼會改變。了解這點，你就已經有經濟學的基礎了。

在現實世界裡，均衡點意味著只有這個需求量與供給量是平衡的，但並不表示人們對這個結果感到滿意。買家總是會說：「我覺得我買貴了。」而賣家總會說：「居然賣得這麼便宜。」有時買家或賣家會向政府遊說，改變某個商品的價格，即使該商品的市場處於或靠近均衡點。在下一章，我們將談到這麼做所產生的後果。

對於供需模型，常聽到這樣的抱怨：「人們才不會這麼思考！」在某種程度上，這是真的，大部分的人不會使用這些專有名詞，或是在腦海裡畫曲線圖。但只要買家以最低可能價格尋找他們偏好的東西，把他們的欲望、財務狀況以及可能的替代品納入考量，然後只要廠商調整生產以回應價格的變化，那麼供需模型會很合理地運作。

在深度的哲學意義上，供給與需求的真相也許不總是可愛的、在道德上吸引人的或令人想望的，但它是一個有用的工具，一個有力且準確的方式，以幫助我們描述和理解價格為什麼處在那個水準，以及價格可能上升或下降的理由。供需模型可以用來描述世界各地、歷史上各個不同時代以及從鉛筆到披薩各式各樣產品的市場。

第四章

價格下限與價格上限

Price Floors and Ceilings

價格管制的問題在於，
是否能達成目標，或適得其反？

如果你曾想在紐約或舊金山租房子，就知道價格高得嚇人。房地產的需求是如此強勁，哪怕再不起眼的房子也可以開出高價。當市場決定的價格，對很多人來說似乎高得不合理時，會發生什麼事？換個角度看，曾有幾年氣候非常好，農作物大豐收，以致售價很低。當市場決定的價格，對很多人來說似乎異常便宜時，會發生什麼事？供給與需求是不可避免的力量，但不是供給與需求的所有結果都是人們想要的。即使是最狂熱的自由市場經濟學家，也不同意我們對於供需的結果沒有任何作為。毫無疑問，政府有可能干預並影響特定市場的商品價格。價格管制法的問題在於，所使用的方法是否能達成目標，或可能適得其反？

對市場價格與數量不滿意，是不可能避免的。供給者總是會說，如果錢多一點，他們可以創造新工作、建立新工廠、雇用更多人。需求者總抱怨，以他們的所得，不易維持生活水準。雙方都訴諸公平，企業會說他們只是想要一個「公平」的價格，其實想的是更高的價格。人們說房租、電力或汽油的價格「不公平」，是認為價格應該更低。如果有一個團體在政治上夠力，甚至可以促使政府修改法律以保障其優勢。

價格上限造成供不應求

當政治人物被說服制定法律，將產品價格維持在低檔，就是創造了價格上限（price ceiling）：產品價格的最大值。美國的房租管制法（Rent- control Laws）是價格上限的一個例子，房租管制的政治理論在於棲身之處是一種需要（need）而非想要（want），而沒有管制的住房均衡點會太高，讓很多民眾無法負擔。

但價格上限並無法阻止供給與需求的運作力量；事實上這股力量使我們得以預測設定價格上限的結果。如果你設定的價格上限低於原本的均衡價，想購買的消費者反應會很熱烈，但該商品的供給者卻不然。需求量上升，供給量下降，結果就是供不應求。

再以租屋為例。美國的房租管制在很多時期和很多地方都導致住房短缺，包括第二次世界大戰以來，美國二百多個採用房租管制法的城市。其中一個結果是，在房租管制法嚴格執行的城市，租屋者可能無法以法定價格找到公寓；有太多想租屋者在找尋供給非常少的公寓。當房東無法以提高租金來應付上漲的成本，結果可能會吝於修繕房屋，因為房東也知道需求很大，潛在客群不會太挑剔，導致出租房屋的品質降低；或者屋主可能會變更出租公寓為各戶有獨立產權的套房，轉租為賣，完全退出租屋市場。接著，出租公寓的新建案可能會減少，房東也可能以各種費用的名義，向房客索取額外金錢，並想方設法扣住你剛搬進去時支付的押金。價格上限也造成了灰色地帶，用便宜價格取得商品的人，會把商品轉售給願意支付更多錢的人。在這種情況下，二房東可以把有房租管制的公寓，以較不受控制的價格分租出去。最後，消費者雖然住進有價格管制的公寓，但也妨礙了其他人（其中某些人可能更需要低價公寓）找到可出租的公寓。

政府可以抑制價格，但是在一個自由社會中，卻無法迫使賣家大量生產，而且各種規避價格上限的方式，也不易管理。

價格下限導致供過於求

再來考慮相反的情況。當供給商品的這些人有政治影響力，有時可以使政府設定一個最低價格或價格下限（price floor）。例如在美國種植某種作物的農夫，法律對該農作物提供了最低保證價格（guaranteed minimum price）。主張設定農業價格下限的理由是，國家需要穩定且擴大食物供給來源，為此須確保農夫繼續耕作。但均衡價格有時實在「太低」，所以我們需要法律保障農夫有「公平價格」（注意引號中的價值判斷字眼）。無論政治意圖為何，供給與需求的力量是不可避免的，設定價格下限會產生後續影響。

如果你設定的價格在均衡點上方，供給者會很樂見，供給量就變多；然而，需求量會因此變少，結果造成供給過剩：供給量超出需求量。政府可能採取行動，透過配額（限制生產者可銷售的數量）避免生產過剩，或透過購買來儲存過剩的產品。在美國歷史上，生產過剩的農產品有時會被運送到低收入國家，作為食物援助。

最後，設定農產品價格下限所得到的反效果，其影響遠比生產過剩更大。因為有價格下限，農田生產的農作物變得更值錢了，農田價格連帶上升，地主會受益，但承租農田的農夫便必須付出更高的租金，因而抵銷了價格下限所得到的好處。農業價格下限也可能助長使用邊際土地（marginal land）④，或施用有毒農藥以增加作物產出，因此造成環境汙染。將生產過剩的食物運送至他國作為援助，

④邊際土地：指土地利用時，收益與成本相等，無法取得超額利潤的土地。邊際土地在經濟上成為耕作地與非耕作地的界限，低於此界限者，稱為邊際以下土地或次邊際土地（sub-marginal land），高於此界限者，稱為邊際以上或超邊際土地（super-marginal land）。

紓解饑荒固然是好事；然而，一旦受援助國當地的農產品無法與免費食物競爭時，食物援助最後也可能傷害了受援助國的農業經濟。

此外，價格管制也會導致無法辨識出到底誰才是需要協助的人。價格管制改變了每個人所面對的價格，某些需要幫助的人會接受這個價格，但更多不需要幫助的人也受影響。

假如政府試圖幫助每個人，讓所有生產者都享有價格下限、所有消費者都享有價格上限，結果會怎樣？實際上，這大致就是前蘇聯政府嘗試管理經濟的方式。一九八〇年代，前蘇聯中央政府約有四分之一預算用於補貼，因為同時要補助生產者和消費者，最後蘇聯為此付出的代價包括物資短缺、生產過剩、黑市等種種問題，就如同其總理赫魯雪夫（Nikita Khrushchev）的名言：「經濟學並不是挺尊重人們期望的一門科目。」

關於這點，有些人不客氣地指責經濟學家別有居心：「你們說自己對各種經濟政策抱持開放態度，實際上聽起來就是制定了一項政策，這項政策就是不干預。而這整個反覆出現的價格下限、價格上限與均衡點，只是宿命論與無作為的藉口。」

價格管制會掩蓋成本

然而，批評一項政策不表示不接受其他政策。我們先從房租管制的一些替代方案來思考。方案之一是藉由提高福利支出或提供住宅優惠券，直接把錢給窮人。這種需求面的幫助，比價格管制更精準。關於供給面，政府可以藉由補助合宜住宅建案或調整地方法規，鼓勵興建更多低成本住宅，兩者都會使人們買得起的住宅出現更高的均衡量，而不會造成短缺或過剩。

至於農業補貼呢？想像一下，政策目標是保障中小型營運的農民有一個像樣的生活水準。若不採取價格下限方式，政府還可以透過食物券、學校午餐計畫等方式補助消費者食物。像這樣刺激需求，能幫助農民賣掉更多產品。

關於供給面，對於農地低於某個規模的農民，政府可以提供補助，針對性地協助這些窮困的人。這兩個方式可以避免農產品囤積在國內，或是把過剩產品傾銷到其他發展中國家。

諷刺的是，價格下限與上限，學理上並不是最好的政策工具，卻是官方傾向採取的方案。經濟學家自認為在任何情境下皆必須有所取捨，政客卻常喜歡隱瞞政策的真實成本。價格下限與上限看起來像是零成本的政策，因為政府不需要增加支出或減稅。事實上，價格管制會掩蓋成本。

經濟學家也信奉要把所有成本納入考量，不單是預算成本，也要考量機會成本。舉例來說，房租管制使某些房客受益，因為住房成本降低了，但其他人卻因為找不到房子住而受害，某些建商也會因為無法轉手獲利而蒙受損失。同理，當政府將農作物價格維持在高檔，生產這些作物的農民會受益，但貧窮與中產階級家庭卻要用較高的價格，才能買到牛奶或麵包等民生必需品。再者，低收入國家的農民可能極端窮困，因為高度補貼國的食物援助迫使他們離開糧食供應市場。在這些情況下，短缺或過剩所造成的浪費，在政府的資產負債表中並沒有明確的稅收或補貼，但卻是真實的成本。

經濟學這門學科並非對窮人有敵意，也不會宣誓絕不干預自由市場。經濟學家的政治理念不同，因此會爭論某些干預政策是否恰當。但不管政治理念如何，他們的共同點都是：絕對尊重任何政策的各種取捨。

第五章

彈性

Elasticity

思考需求與供給有無「彈性」這個基本觀念，
就可對市場做出有憑有據的預測。

抽菸是一個很花錢的習慣。美國香菸稅每包約一美元，還有各州香菸稅平均每包一．四五美元。課這些稅的目的是抑制抽菸嗎？還是增加政府收入？要回答這問題，我們須先思考香菸稅如何影響香菸的需求量，也就是經濟學家所謂的「彈性」（elasticity）。許多公共政策以及價格策略的議題，都要了解彈性這個概念。

舉例來說，假如一包菸漲了一〇%，會讓需求量下跌五〇%或二%？因為需求彈性的定義是：需求量變動的百分比除以價格變動的百分比。所以在這兩個狀況中，需求的價格彈性會是五或〇．二（也就是十分之五十或十分之二）。我們同樣可以假設，為了回應價格上升一〇%，市場上香菸的供給量上升四〇%或僅五%。供給彈性的定義是供給量變動的百分比除以價格變動的百分比，所以在這裡，供給的價格彈性會是四或〇．五（也就是十分之四十或十分之五）。

把彈性分成三大類來思考是有幫助的，這個方法可以適用於需求彈性與價格彈性。

需求無彈性的商品，彈性小於一。需求無彈性的情況下，需求量變動的百分比會小於價格變動的百分比；例如，價格上升一〇%可能會使需求量下跌五%。高度無彈性的商品，往往很難用較便宜的商品來取代；如果你感冒了，可以選擇非知名品牌的感冒藥，但糖尿病患者卻不能因胰島素價格上升就減少使用。胰島素的需求是無彈性的。對癮君子來說，香菸的需求也是無彈性的。

需求有彈性的商品，彈性大於一。根據公式，需求量變動的百分比會大於價格變動的百分比。在這裡，價格上升一〇%可能會使需求量下跌二〇%或三〇%。需求量有高度的伸展性，它可以大幅移動以對應價格的變動。典型的例子是柳橙汁，如果柳橙汁價格上升，人們可以隨便用其他飲料與維他命C取代，所以柳橙汁的需求是有彈性的；對於沒有真正菸癮的青少年，香菸的需求也可能是有彈性的。

需求單一彈性的商品，彈性等於一。當商品需求量變動的百分比剛好等於價格變動的百分比，我們說它是單一彈性（unitary elasticity）。這表示如果價格上升一〇%，需求量也會下滑一〇%。

供給無彈性的商品，彈性小於一。在這裡，供給量變動的百分比會小於價格變動的百分比，例如價格上升一〇%可能使供給量增加五%。完全無供給彈性的經典例子是畢卡索的畫作—無論漲多少，供給量都沒辦法更多。但一般而言，在廠商很難快速擴大原料供應與熟練勞工的任何產業，所生產的商品往往是無供給彈性的。

供給有彈性的商品，彈性大於一。在這個情況下，供給量變動的百分比會大於價格變動的百分比，所以價格上升一〇%可能使供給量上升二〇%。也許是因為有剩餘產能，廠商便很容易快速增加產量。

供給單一彈性的商品，彈性等於一。在這個情況下，供給量變動的百分比會等於價格變動的百分比，所以價格上升一〇%會使供給量上升一〇%。

誰的彈性比較大？

為什麼彈性是用價格與數量變動的百分比來計算？這方法主要優點是可以用來比較各種不同市場，其數量可以是不同衡量單位，或可能是以不同貨幣計價。例如，想比較美國和日本汽油的需求彈性，藉由百分比，就可以不必考量匯率變動或英制與公制度量衡單位的複雜換算。我們可以比較汽油、牛肉製品以及美髮服務的需求彈性，而不必考慮商品數量的度量衡單位。

知道需求或供給有無彈性或單一彈性後，在實務上可以廣泛應用於價格設定，以及市場如何反應需求與供給的位移。以下有些例子：

若需求無彈性，提高價格會帶來更多的營收；若需求有彈性，則否。想像有一個樂團在巡演，預計在一萬五千個座位的室內體育場演出。為了簡化本例，假設該樂團所有收入僅來自門票銷售，且相關成本如旅費、住宿與設備等固定成本，無論觀眾多少都是相同的；同時假設所有門票都是同樣的價格。樂團知道如果它提高門票價格，賣出的門票就會變少。現在，樂團必須決定票價要高一點或低一點，才能使營收（也就是門票價格乘以門票銷售量）最大化。

假如這是一個普通流行樂團，不是樂迷「秒殺」的樂團，那麼樂迷對它的需求是有彈性的。只要價格下降某個百分比，就可能導致數量上升更大的百分比，因而提高整體營收，那麼就該考慮降價。但是對於預期門票會銷售一空的超級天團來說，需求可能是無彈性的；有些粉絲會不計代價搶購。在這個情況下，樂團就可以有效地提高票價，其需求量與銷售量頂多只會稍微減少。如果你是樂迷，你可能已注意到過去十或十五年，最紅的樂團就是這麼做的。

當然，在現實世界中，這個問題更複雜。除了不同座位區有不同票價，促銷、贈品、VIP 入場證、T-shirt 銷售甚至是黃牛票都會使這個議題更複雜。但關鍵是，任何樂團或廠商在設定價格時，不應該只想抬高價格，而應考慮其產品的需求彈性，它可以隨著時間學習，用稍微高或低的價格來實驗，看看客戶反應如何。

短期而言，需求與供給常常是無彈性的；長期而言，則是有彈性的。看看汽油的例子，若汽油漲價了，你該怎麼辦？短期而言，你會付錢，因為你的選擇有限，你能做的只有把一些出差合併成單趟旅程、多走一點路，或短距離就騎腳踏車等。多數情況下，你的需求在短期是無彈性的。長期而言，如果汽油價格維持高檔，你會考慮買更省油的車款，或在辦公室發起共乘，甚至改騎腳踏車上班，你可能開始考慮搬到離上班地點近的地方，或是找一份離家近的工作。

在供給面，商品與服務的供給者發現，花長一點時間比起只花短短幾個月更容易擴大生產規模。短期來看，供給量對價格的反應可能相當沒彈性；但是隨著時間拉長，當廠商有機會調整時，供給的確可以變成相當有彈性。彈性解釋了為什麼一個經濟體的價格短期內容易暴漲暴跌，因為需求與供給的彈性都不大；但看長期，供需的數量都會調整，價格就會變得更穩定（儘管如此，價格並非固定不動）。

當需求無彈性，增加的生產成本往往可以轉嫁給消費者；但當需求有彈性，增加的成本就會由生產者承擔。如果能源價格上升，我們知道所有需要能源來生產的商品（基本上，差不多是每樣東西），都將有較高的價格和較低的數量。但大部分的結果都是漲價嗎？換句話說，生產者可以把成本轉嫁嗎？或者大部分的結果都是產量變少，生產者必須自己承擔成本？讓我們來看一些例子。

咖啡店使用咖啡豆，但無法控制咖啡的全球市場價格。如果咖啡成本上升，它們可以漲價把成本轉嫁給消費者嗎？咖啡的需求有沒有彈性？想想，顧客可以用較便宜的咖啡因，例如茶來解癮嗎？或者顧客可以省去咖啡師的成本，在家自己煮咖啡以節省開銷嗎？很不幸，對咖啡店來說，這兩個問題的答案都是「yes」。因此，這些咖啡的需求是有彈性的，當咖啡價格調漲時，只能小幅轉嫁給消費者。

彈性概念的延伸

回到本章開頭的例子：提高香菸稅，會有什麼結果？稅就像原料成本，是一項投入成本。稅是當生產者製造商品時，政府向它索取的一個價格。在某個程度上，抽菸是一個選擇，它與多加點奶泡的雙份卡布奇諾一樣，都不是必需品。但對很多人來說，抽菸也會上癮，而且替代品很少。我們預期這群人對香菸的需求是無彈性的，而證據顯示，香菸價格增加一〇％只會使消費的香菸數量減少三％。因此，如果向香菸業者增稅，該公司可藉由提高價格的方式，把大部分的稅轉嫁給消費者。

政府實施反毒法，提供了另一個應用案例。禁止毒品的法律，提高了生產與配銷毒品的成本；因此，主張毒品合法化的很多論點，基本上都是用彈性的角度來切入。有人說嚴格執法會削減毒品用量，因為需求是有彈性的，所以較高的價格和較高的懲罰能抑制吸毒人口。也有人說嚴格執法，只會使藥頭賺更多錢；因為毒癮使得需求無彈性，嚴格執法會推升市場價格，但藥頭可以把它轉嫁給消費者。但由於毒品市場是違法的，要蒐集足夠證據來支持上述任一論點都有難度。

彈性的觀念，可以延伸適用於很多情況。例如，削減退休給付，是否會鼓勵年長者繼續上班不退休？根據彈性的觀念，這個問題是「退休給付變動達某個百分比，會使工作時數變動多少百分比？」另外，削減所得稅會鼓勵人們多工作嗎？這些都是彈性的問題，關乎數量如何因應價格的變化。

有時美國政府會提議對儲蓄提供減稅優惠，讓人們藉由個人退休金帳戶、401（k）計畫或其他方式來增加儲蓄金額。這樣會鼓勵儲蓄嗎？根據彈性的觀點，這個問題是「報酬率增加某個百分比，會使儲蓄增加多少百分比？」資本的供給曲線在實證上是有爭議的，但至少短期而言，儲蓄對於利率與報酬率是相當無彈性的。講白一點，對儲蓄提供減稅優惠，會使人們把既有的儲蓄搬到免稅帳戶，但至少在最近幾十年似乎未見整體儲蓄水準大幅增加。

許多關於政策或策略的主張，號稱對價格變動會帶來很大影響，也許是某商品的需求量（如香菸稅）、某商品的供給量（如替代能源補貼）、工作時數或儲蓄金額會發生明顯反應。無論是酒精的罪惡稅（sin tax）或購買油電混合車的誘因，當你不覺得自己有辦法翻遍舊經濟期刊，搜尋有關彈性的統計值時，試圖猜測任何特定政策的結果，都是自找苦吃。但如果你去思考需求與供給，在任何特定情況下有無彈性這個基本觀念，那麼你將可做出一套有憑有據的預測。

第六章

勞動市場與工資

The Labor Market and Wages.

在每個人才市場，工資的均衡點
是由該市場勞動供給相對於勞動需求而決定。

經濟行為通常指的是所生產的商品或服務，但也可以說是每個人早上起床工作後所發生的事。供給與需求，一如它們在商品市場扮演的角色，也是了解勞動市場的關鍵。在勞動市場，我們不談商品價格，而是有關每個工作者的工資或薪酬。就如同廠商生產的很多商品與服務有各自的市場，勞動市場也有很多不同的市場，如護士的勞動市場、消防員市場、電腦程式設計師市場等。但有一個主要的差異：在商品市場，企業是供給者，家庭和個人是需求者；但在勞動市場，家庭和個人是供給者，企業是需求者。

勞動需求，是工資或薪酬與雇主所需勞務數量之間的關係。高工資容易使企業減少對勞務數量的需求，就如同較高的價格容易使消費者需求減少。廠商想賺錢，但如果勞動成本上升，就會想裁員。你現在可能已經想到，工資增加所減少的勞工需求量，取決於勞動需求的彈性。

勞動需求在短期通常相當無彈性，比方說廠商已經雇用了員工，或是新員工還沒報到。但是在長期，當廠商有機會整頓生產時，勞動需求就可以有更大彈性。例如，廠商可能擁有新設備或新技術，如果有時間與誘因去執行，就可以減少員工人數。

因此，回到我們弔詭的問題：是什麼因素使勞動需求移動？答案不是「工資」。工資改變了勞動需求量而非整條需求曲線。在每個可能支付的工資下，什麼因素可以改變勞動需求？

產出（也就是不同的商品與服務）的需求變動，會改變勞動需求。如果沒有人參加音樂會而且交響樂團解散，一位正統訓練的音樂家就不容易找到工作。如果一個城市大部分的消費者都開美國車，一個專門修理德國車的技師，生意就會清淡。諸如此類的例子還有很多。

過去數個世紀，工人害怕新技術會減少對他們勞力的需求且壓低工資。歷史資料顯示，雖然新技術已經使某些產業與工作被淘汰，但也創造了新的產業與工作。此外，運用這些新技術能使勞工更有生產力，享有更高的工資。

廠商雇用工人的意願，最終取決於生產力，即勞工生產多少東西。如果工人的生產力與工資有落差，廠商不會雇用他們。如果工人的生產力高於工資甚多，那麼在市場經濟裡，就會出現其他廠商用較高的工資挖角。一般而言，工資將隨著時間，由勞工生產的商品價值來決定。

現在讓我們來思考勞動供給。再次重申，供給是一種關係，這裡是指工資與勞動供給量之間的關係。高工資通常意味著較高的勞動供給量，因為較高的工資會使工作更有吸引力。工資增加會使勞動供給量增加多少？同樣取決於「彈性」。

對很多全職工作者（每週投入工作四十小時）而言，勞動供給是相當無彈性的；他們的工資增加一〇%，工作時數的增加卻少於一〇%（很多全職工作者沒有能力調整其工作時數，所以不容易估計他們如何看待工資上漲）。然而，對於兼職者或是家裡第二份薪水來源者而言，勞動供給是較有彈性的，工資增加一〇%，通常會導致工作時數增加超過一〇%。

什麼因素使勞動供給曲線移動？勞動供給曲線的移動，可能是人口增減等緣故—有了更多可以工作的人，在特定工資水準下即可供應更多勞工，反之亦然。人口移動也會改變勞動供給，例如，在一個人口老化的社會，離開勞動的人會多於加入的人，即勞動供給下降。社會趨勢也會影響勞動供給，例如預期什麼人應該去工作。一九七〇年代，很多原本是家庭主婦的美國婦女決定走出家庭工作賺錢，改變了特定工資水準下的勞動供給。

不同種類的勞動市場需要不同的技能與特質，因而區分了護士市場、美髮師市場、工程師市場等等。在每個人才市場，工資的均衡點是由該市場勞動供給相對於勞動需求而決定。懂了這個勞動供需架構，讓我們仔細思考幾個常見的勞動市場議題：最低工資（minimum wage）、工會、歧視以及員工福利。

最低工資是一刀兩刃

一九三〇年代以來，當美國首次採用全國性最低工資時，就不斷有是否提高最低工資以及提高多少錢的爭論。最低工資是價格下限的一種形式，因此法律禁止雇主付給勞工的錢低於這個工資。懂得價格下限的原理後，我們預期全國的最低工資會導致勞動需求減少；也就是說，因應較高的最低工資，會有較少的雇主願意提供工作給無技能或低階勞工。

同時，會有更多人願意供給這個勞力。的確，有些證據顯示，在美國最低工資提高一〇％，會導致低階工人的失業率增加一％或二％。但這個效果相當小，另有其他研究顯示，較高的最低工資對於就業的效果，並沒有顯著影響。這個例子說明美國的最低工資，在最近幾十年並沒有比均衡工資高多少。

然而，有關最低工資的公共政策是複雜的，因為它牽涉到取捨，所以會使倡議提高最低工資者與反對者都不滿意。

反對提高最低工資的人，可以仔細思索這個說法：假設最低工資提高二〇%，會導致低階工人的工作減少四%（如同一些證據顯示）；但這也暗示提高工資會使得九六%的低階工人加薪。很多低階工人並非全職、一年到頭都有事情可做，所以或許這些工人的全年工作時數減少四%，但他們有工作的時數可加薪二〇%。在這個情境下，即使最低工資使得職缺數量或工作時數減少，但光是提高工資，仍可能可以改善絕大多數低階工人的收入，因他們可以在較高的工資水準下，做較少的工作時數。

但這個爭論有另一面看法。對失業者而言，短期成本是相當大的，微調工資的好處相對較小；比起加薪者得到的小惠，對由於提高最低工資而丟掉工作的少數人而言，損失更嚴重。失業率變高這種成本，不太可能平均分布於整個社會，反而可能集中在經濟劣勢的社區。此外，低技能工作通常是入門工作，一旦低階工作變少，工人會變得更難踏上就業的階梯。因此，對於大多數有工作的低階工人來說，提高最低工資可能提供不錯的利益；但對找不到工作的人來說，卻蒙受巨大的經濟損失。

價格下限有其替代方案，因為它們是由供需力量所運作，因此經濟學家經常傾向贊成這類替代方案。例如，如果政府想提高低階工人工資，便可以投資於技能訓練計畫。這可讓部分工人移動到更有技術性（且薪資更好）的職位，還能減少低技能勞工的供給，從而提高他們的工資。政府也可以補貼雇用低階工人的廠商，使廠商能給付較高的工資。或者政府可透過提供減稅優惠給收入低於基本門檻的人，直接補貼低技術工人的工資。這項政策可增加工人收入，而不會帶給雇主任何財務負擔。

工會不是壞事

工會是勞動市場裡另一個爭議點，人們往往對工會帶有強烈的情緒反應。這裡，我們試圖理性觀察工會是如何在社會中運作。工會提供二個基本功能：第一、他們找機會透過勞動契約的協商提高會員工資，並以罷工威脅為後盾。如果工會在談判時態度非常強硬，雇主可能會慢慢找到削減工會勢力的方法，包括使用節省勞力的機器、分包及外包給非工會成員等。因此，激進的工會其規模通常會隨著時間而縮減；在某種程度上，這就是發生在美國鋼鐵業與汽車業工會的故事。

工會的第二個功能是建立一個更好、更有生產力的勞動力，這可以透過一些顯而易見的手段來達成，例如學徒制，以及一些更細膩的方式，例如給工人一個社群的感覺，並關心他們的工作狀況。工會也充當工人的發聲筒，向雇主傳達關切及需要。工會的這兩個功能似乎是對立的，就像是樂意合作的傑奇博士與激進好鬥的海德⑤，但大部分工會在不同時期都曾扮演過其中一個角色。

如果你問工會的存在對經濟是「好」或「壞」？就過度簡化了這個問題，工會顯然是可以和高收入、市場導向的經濟體共存的。舉例來說，相較於美國，很多歐洲國家的工會化程度非常高。在美國有加入工會的勞動力百分比，從一九五○年代的大約三三%掉到二○○○年的一三%左右。然而，在英國與義大利，大

⑤指蘇格蘭小說家史蒂文生（Robert Louis Stevenson, 1850-1894）所著經典小說《化身博士》(*Strange Case of Dr.Jekyll and Mr. Hyde*) 中的雙重人格，樂善好施的傑奇博士喝下藥水後，會變成犯案累累的海德。

約有四〇%的勞動力加入工會。在斯堪的那維亞國家，工會化程度接近七〇%或八〇%。雖然這些國家有它們的經濟問題，就像每個經濟體一樣，但不可否認的是，以世界標準而言，它們的生活水準相當高。當工會規模縮減，我們必須質疑一個為勞工利益發言的重要管道是否被消音了。

歧視：差別待遇

勞動市場有另一個問題比工會更可能引發熱烈討論，那就是歧視。用經濟術語來說，勞動市場的歧視，發生於一個人找工作被拒絕或是比同樣工作者低薪，理由是這個人的性別、種族、年齡、宗教或某些因素。在供需架構中，我們可能會說由於受到歧視，在某些勞動市場裡對於特定族群的需求是較低的。然而，經濟學家經常表示，歧視的原因有各種可能性，而且在某些情況下，市場會跟歧視對抗。

為便於討論，我們假設有一群工作者領較低薪工作，理由是實際的生產力較低。也許這群工作者沒有接受適當的學校教育，或者社會抑制這群人在初期從事某種職業。付給這些不稱職的工作者低薪有點像是歧視，但在這個案例中，歧視不是發生在勞動市場，而是發生在年輕人剛出社會的階段。

現在我們來考慮兩組工作者，他們有同樣的生產力，但一些雇主希望對其中一組有差別待遇，給他們較低的薪資。另一方面，假如工作者的薪資低於其生產力，他們對於無差別待遇的雇主就有吸引力，雇主可以提供更好的工資給這些有才幹的員工。在這種情況下，市場傾向於對抗差別待遇，而工作者與新雇主都會從無差別待遇的慣例中受益。

然而，在某些情境下，市場可以強化差別待遇。如果客戶是有偏見的，不想要和某個種族的工作者打交道，或者不認為某個性別的工作者應該做這份工作，它們可能會把生意給認同其偏見的廠商。又或許某些工作者是有偏見的，如果他們被迫和一群不喜歡的人工作，士氣與生產力就會降低。在上述情況裡，即使管理階層本身不帶偏見，但追求獲利最大化的廠商會有經濟上的誘因，在雇工時採取差別待遇，以使生產力與銷售額都維持在高檔。

再者，我們來思考另一種歧視，工作者有同樣的技能，但在不同職務時會有不同薪資。這通常是性別歧視的情境，有時候稱作「粉領聚集區」。女人通常被安排做某種比較沒有機會升遷或領高薪的工作，而男人則被安排在需要類似技能、但有更多升遷和高薪潛力的工作。在這種思維下，我們在訓練期與低階職位時，就需要處理差別待遇的情況，以確保所有族群都有同樣的機會，發展適合他們才能的職業生涯。

總之，勞動歧視不是單一現象。它可以發生在不同時點，在不同市場由不同角色造成，它可以反映不同種類的誘因。歧視顯然一直存在於美國社會，但現階段把大部分責任歸罪於雇主，這並不準確也無濟於事。你必須在歧視可能發生的任何地方，找到問題的源頭。

最後，我們已經就工資方面談過勞動價格（意即金錢），但是在現代的勞動市場，勞動報酬通常是工資與福利的組合。員工喜歡福利，他們把部分的財務責任（例如醫療照護、退休儲蓄）推到雇主身上，但雇主其實不在意你的工資是現金或是保險津貼的形式，**從雇主觀點，我們所謂的均衡工資就是雇主報酬的總成本**。這就是為什麼當工會與雇主談判勞動契約時，工會經常被要求在較高的薪資與較好的福利之間做選擇。對雇主來說，這都是同樣的成本。

私人企業的員工平均約有七〇%的總報酬來自工資，其餘則是福利。例如，總薪資的一〇%左右是退休福利，包含退休金、醫療保險、退休儲蓄帳戶；另外六%左右是特別休假，六～七%是健康保險。但是對任何員工來說，當雇主提供這些「慷慨的」福利時，員工仍然是支付這些福利的人，代價就是實質薪資變低。

對很多人來說，工作感覺像是我們和雇主之間的一個社會關係。當然，雇傭關係只是社會關係的一部分，社會互動在每個地方都會發生。但你的薪資與福利不是因為你的老闆慷慨或喜不喜歡你而決定，也不是以某個公平的標準來決定。追根究柢，勞動是一個市場，你的薪資及福利，是根據你的產出所定出的價格。

第七章

金融市場與報酬率

Financial Markets and Rates of Return

就像商品市場或勞動市場一樣，
資本市場也可以用同樣的供需架構來解釋。

人們對資本市場有根深柢固的偏見。在中古世紀，羅馬天主教認為索取貸款利息是一種「放高利貸罪」。目前一些伊斯蘭教國家仍然禁止收取利息，你可以想像這使得經營銀行變成一門複雜的生意。人們可能會覺得商品市場的價格或勞動市場的工資不公平，但很少會覺得支付利息不合法。然而，很多人卻對利息（就是資本市場的價格）很不耐，甚至覺得是錯的。為什麼會這樣？

可能的理由是，商品與服務是有形且看得見的，而資本市場所交易的東西很難讓人理解。大約三十年前，蘇聯舊式的經濟規畫人員，手上握有和該國經濟相關的二千萬種商品名單；工作則是我們每天生活經歷的一部分。但是資本市場的利息與報酬是抽象的，而且資本市場的運作似乎是看不見的。「投資」這個專有名詞也使人容易混淆，因為它有不同的用法。有時，「投資」是指購買股票與債券等金融工具，有時則指企業購買實體資本（physical capital），例如機器或廠房。前者指的是投資人，他們是在最小風險下追求最大報酬的資金供給者。後者其實指的是廠商，他們是把資金轉換成有形資產的資金需求者。因此，「投資」可以指供給或需求，難怪令人困惑！為了避免混淆，當我說明資本供給時，我會用**「財務投資」**（financial investment）表達，而當我說明用來建立資產的資本需求時，我會用**「實體資本投資」**（physical capital investment）來解釋。

就像商品市場或勞動市場一樣，資本市場也可以用同樣的供需架構來解釋。資本的供給，來自那些儲蓄資金的人，我們通常想到這些資本供給是來自家庭，其實企業也會存錢，但由於企業是由股東所持有（因此最終是由家庭擁有），因此你可以把企業想成代表家庭而儲蓄。

經濟學家認為，資本供給是家庭的資金供給量（也就是家庭儲蓄）與他們提供資金所得到的價錢（也就是報酬率）之間的關係。我會經常用利率做為資本報酬率的具體例子，但是購買公司股票或小企業股份的投資報酬也屬於資本報酬。你可能預期資金供給量應該隨著報酬率而上升，也就是當價格上升時，供給量也會上升。然而，在實務上，人們儲蓄的資金量似乎沒有隨著報酬率上升而大幅增加。相反的，人們儲蓄的金額似乎更取決於習慣、文化型態以及雇主誘因，例如退休金的相對提撥。

從經濟學家的觀點，財務資本需求也是借款人的資金需求量，與他們需要支付的報酬率之間的關係。財務資本需求是來自現在需要資金並且願意支付利息的人。利率低時，資本需求量較高；例如，如果某人想買汽車，當車貸利率較低時，他們更有可能買車。同樣的，當廠商可以用較低的利率借錢時，就更可能進行廠房與設備的實體資本投資。

如果你把資金供需組合起來，在某個均衡報酬率下，你會得到儲蓄與投資金額的均衡點。資金有很多不同市場，就像勞動與商品有很多不同市場，主要差異在於被投資的對象，是大廠、小廠、個人或是政府？資金接受者的財務史是一個相關因素—他有良好的還款紀錄嗎？這筆財務投資只是最終要收回的一筆貸款，或是想買該企業的股份？這些因素都很重要，會決定每個金融市場的供給、需求與報酬率。

思考資本市場如何運作時，它的關鍵交易是跨時間發生的。當你正在買賣商品時，它是在一個時間點發生，勞動也是在一個時間點履行。但當你借錢時，意即當你取得資金時，你是在當下獲准使用這筆錢，並在以後還款。助學貸款、抵押貸款或是廠商的設備採購貸款，都是這種情形。在供給面，當你去銀行存錢時，就是同意現在把錢給某人，而在以後得到報償。你交付這筆錢，即預期未來將收到還款及某個報酬率。

用「折現值」來思考

因此，相較於未來還款所付出的代價，你如何計算這筆貸款目前的價值？經濟學家會運用折現值（present discounted value）的概念，它是把不同時間點發生的成本或效益拿來直接比較的一種方式。**指的是未來所要支付的款項，如果現在就回收，會值多少錢**。

以實務為例，一年後可收到一百美元，現在是值多少錢？為便於討論，假設你的銀行帳戶利率是一〇%。因此，你拿出計算機，算出假如你現在收到九〇・九一美元且用一〇%報酬率投資一年，那麼一年後你會有一百美元。因此，一年後的一百美元，現值就是九〇・九一美元。

兩年後的一百美元，現在值多少錢？如果利率是一〇%，你會發現目前投資八二・六四美元，在兩年後會等於一百美元。因此，兩年後的一百美元，其現值就是八二·六四美元。這個計算的正式說法是，折現值等於未來值除以括號一加利率的t次方，t為年期。或者把它寫成公式：$PDV=FV/(1+r)^t$。如果在未來的不同時期有一連串的付款時，折現值的算法可套用在每筆未來款項，然後加總起來成為總現值。

折現值的概念大量使用於商業與金融。企業必須思考目前建立新廠房與設備的投資費用，把它和未來用這個設備生產東西可獲得的報酬做比較。舉例來說，我們假設某公司想蓋新工廠要花二百萬美元，並計算五年後可賺三百萬美元。五年後的三百萬美元需要折為現值，來和廠商目前正考慮支出的二百萬美元直接比較。

如果你有房屋貸款，那麼折現值也是很重要的觀念。如果貸款年限是三十年，你看看總付款額，會發現這段期間你其實在支付一筆龐大的利息。但現值的概念可以解釋為什麼會這樣：你所有的分期付款（包含利息）的總價值，恰好等於房子的折現值，也就是購買價。畢竟，你可以付現金買房子，現在就支付購買價；或者你可以借錢，然後分期還款。這些付款方式有相同的經濟價值。對我來說，慢慢還房貸比立刻繳清更加容易。但是在兩者的折現值是相同的。

談到社會政策時，政府很多計畫都涉及現在購買或建設某樣東西，以便將來能得到回報。很多環境政策是在當下有成本，在未來有效益。為了交通建設，可能需要現在蓋高速公路，以便在未來能保護生命安全。現在教育小孩，回報就是他們在未來可以成為更有技能的勞動力。**政府規畫政策時，也需要運用折現值這個概念，來分析成本與效益**。

折現值有一個奇特的應用。當大部分的樂透彩宣稱頭獎累積彩金時，它們是把未來三十年你會收到的所有款項加總。但從沒有告訴你這些款項的現值，只是把你在未來三十年會收到的支票加起來。幾年前，美國紐澤西州議會提出一項法案，建議如果有一個老年人贏得樂透彩，他可以要求一次付清，而非分配在未來三十年。因此，樂透彩委員會必須解釋所宣稱在未來三十年支付的累積彩金並非折現值，其現值只有這筆錢的三分之二，它仍是一筆龐大的金額，只不過不像廣告所說的那麼大。樂透彩不使用折現值，而是把未來支付的款項加總，讓它們的彩金看起來比實際上更大。

企業籌資的管道

現在你已經有金融市場運作的基本概念，我們將把重點放在需要資金的企業。想要做資本投資的廠商，可以找到好幾個資金來源，其中一個是保留盈餘（retained earnings），較常聽到的說法是利潤。「保留」的意思是企業決定持有這筆錢，將它再投資於企業而非以股利付給股東。你可以把它想像為廠商自己儲蓄，然後代表外部投資人再投資於公司本身。對於歷史悠久的企業而言，保留盈餘是用於實質投資的主要資金來源。

企業也可以用兩種方式籌錢──向銀行借錢或是**發行債券**。向銀行借錢對大多數人來說是熟悉的，但債券則較陌生。債券有面額、利率與期限三項要素。舉例來說，面額一千美元、利率八％且期限十年的基本債券，在未來十年中，每年會支付八％的利息，且在十年期滿後會償還面額一千美元。債券只是廠商借錢的一個方式，但它不是向銀行借，而是向買家借，這些人可能是個人或組織，例如退休基金或投資公司。如果廠商不償還，它可能被依法宣告破產且被接管。當然，公司只有在它相信投資報酬夠高，付得起利息且仍有利潤時，才會向資本市場借錢。

債券所付的利率是根據風險而變動。高獲利的企業像是沃爾瑪（Walmart），可以用相當低的利率發行債券，因為人們知道它很可能會還錢。同樣的，政府至少是穩定的機構，也是用較低的報酬率來發行債券。相反的，較不穩定的企業可能會發行高利率、高風險的債券，或稱「**垃圾債券**」（junk bond）。

企業籌資的最後一個方式是透過有價證券，較常聽到的是公司股票。公司股票基本上是把公司一部分的所有權賣給股票持有人。因此，如果一家公司總共有一百股的股票，而你擁有其中二十股，那麼你就擁有這家公司的二〇％股權。如果該公司把利潤變成股利支付，那麼你就能根據該公司股票所有權的比率收到股利。如果該公司被出售，那麼該公司賣價的二〇％應該歸給你。然而，股票不像債券有預先決定的利率，也根本無法保證股票持有人會收到固定利息或任何報酬。買賣股票可能比債券的報酬率更高或更低，甚至會出現負數。

賣股票通常是初創、小型公司募資的一種方式。小公司通常會賣一些股票給專業投資人，例如創投公司或是想把錢投入的「天使投資人」。當小公司長大，通常需要大筆資金以維持成長動能，這時就是公司上市在公開市場賣股票的時候。一旦公司完全站穩了，才較可能運用本身的利潤、債券或舉債（在某些情況下）來做資本投資。它只能為了大幅擴張版圖而發行更多股票，例如併購另一家廠商。公司不能無限制發行股票，因為股票是公司的部分所有權，發行越多股票表示這家公司的所有權被分割得越細。如果一家公司有一百股股票，在隔年發行另一百股，那麼原始股東的所有權比重就會被稀釋，這家公司就很可能被視為差勁的投資標的。

募資與投資是特別重要的，因為實體資本與創新來自投資，對於擴大生產力及提高生活水準有重大的貢獻。美國社會的儲蓄與投資比率，一向落後於很多工業化國家。而一個經濟體取得資本投資效益的能力，是建立在家庭儲蓄及投資意願上。

第八章

個人投資

Personal Investing

評估投資標的四個衡量要項：
報酬率、風險、流動性、稅負。

家庭所面臨最重要的經濟決策之一，就是如何為退休生活而儲蓄。退休前需要存的總金額大得嚇人，但沒人有機會過幾十次人生，每次都來試驗不同的退休策略，你只有一次機會。從供需觀點來看，退休儲蓄的決策牽涉到資本市場的供給面。人們儲蓄與投資，提供資金給資本市場，就是希望在沒有太多風險的情況下還能累積財富。

複利的力量

而人一生累積財富的關鍵，在於**複利**（compound interest）的力量。它是這樣運作的：假設你從一百美元、利率一〇%開始，在第一年的年底，你的帳戶會有一一〇美元（原始存款加上利息）。在第二年，你會賺到一一〇美元的一〇%，合計為一二一美元。在第三年，你會賺到一二一美元的一〇%；在第四年，你會賺到一三三・一美元的一〇%，依此類推。注意，利息金額每年都增加一些（稱之複利），這是因為計算時的本金每年都在成長。隨著時間拉長，複利的力量可以使儲蓄帶來令人滿意的可觀報酬。

以下是經過一段期間的財務投資，在某個報酬率下會有多少獲利的計算公式。以起始的金額（現值）乘以括號一加利率的t次方，t是這筆錢儲蓄的年期，這會產生一個未來值。拿一台計算機，試著輸入不同的現值與利率，看看這筆錢在儲蓄十年、二十五年與四十年後會增加到多少，結果可能會讓你瞠目結舌。

當我們考慮退休儲蓄時，還有很長時間可準備，這就能讓複利發揮作用。如果某人在二十五歲時拿出一千美元，以每年五%的利率來投資，當他到了六十五歲，這一千美元會增加到七千多美元。如果是更積極的投資，報酬率為一〇%（大致上

原始儲蓄 1,000 美元，在 10 年、25 年與 40 年後的累積總金額

		年利率		
		5%	10%	15%
時間	10年	$1,629	$2,594	$4,046
	25年	$3,386	$10,835	$32,918
	40年	$7,039	$45,259	$267,863

註：複利是用$PV(1+r)^t=FV$公式計算，其中PV是現值（1,000美元），r是年利率，t是時間，FV是未來值。

是美國股票市場過去幾十年的平均報酬率），十年後這筆錢會增加到將近二千六美元。在二十五年後，它幾乎是一萬一千美元。最後我們來看，一千美元、年報酬率一〇%，經過四十年會變成四萬五千美元。想要擁有更積極的投資規畫嗎？根據一五%的年報酬率（這會需要一些運氣），在十年後，你原始的一千美元會達到四千美元。在二十五年後，你原始的一千美元會增長為三萬三千美元。接下來是更龐大的數字：一千美元、年報酬率一五%，經過四十五年會變成二十六萬七千八百六十三美元，這是令人難以置信的倍數。

老實說，一五%的報酬率是過高了，但是四十年的時間規畫是有意義的，因為它大致是工作生涯的長度（從二十五～六十五歲）。這並非全然不可行的，如果你可以從二十五或三十歲左右，每年存五千美元，等到你退休時，將擁有超過一百萬美元的儲蓄。這不是一個快速致富的計畫，但結果仍然令人讚嘆，更重要的是它切合實際。

你能冒多大風險？

總之，在你看一項財務投資時，你要思考的不只是報酬率，不只是期望每年五％、一〇％或一五％的報酬率，**也要考慮另外三個要項：風險（risk）、流動性（liquidity）與稅負**。在選擇對你最重要的某些特性時，將會面臨這些特性與報酬率之間的取捨。

投資風險的定義是，報酬率相對於該投資的平均期望值可能高或低，資本市場是用這種方式來說明「實際情況因人而異」。美國國庫券是風險很低的投資，你幾乎篤定得到承諾的報酬率。投資一間生產新技術的廠商，風險則高得多，你不知道這家公司是否會成功，但它可能出乎意料地成功。其他條件不變的情況下，風險是不受歡迎的。也就是說，如果兩項投資都承諾同樣的平均報酬率，你應該會偏好同期間報酬率波動較小的那項投資，這表示它的風險較低。因此，風險較高的投資，例如購買新創小公司的股票，必須提供較高的報酬率來吸引投資人，同時也是對他們忍受波動的補償。

投資特定公司或特定債券的風險，可以藉由「多樣化」分散投資而減少。多樣化（diversification）的意思是購買許多不同投資標的，以降低整體風險。多樣化是有效的，因為某些無法預期的差勁投資，會被其他出人意料的良好投資所抵銷。因此，就像俗語說的，不要把雞蛋放在同一個籃子裡。對個別投資人來說，也許最容易的多樣化作法就是投資共同基金，把一群股票或一組債券結合在單項投資裡。稍後將談到更多共同基金的內容。

「流動性」，是把投資轉換為現金的難易度。銀行帳戶相當有流動性，很容易把錢領出來；房子不是很有流動性，因為要花一些時間和精力才能賣掉；財務投資如股票與債券則介於這兩個極端之間。一般而言，其他條件（例如報酬與風險）不變的情況下，你會偏好流動性佳的投資。

最後要考慮的特性是，稅法是否有利於該投資。某些投資可免除所得稅，例如政府債券的利息所得。而有些投資所得是要課稅的，在你賣掉該投資時才付稅金，投資股票與房屋的資本利得也是。

稅收減免固然造福了投資人，但是在凡事有得必有失的世界裡，稅收減免越多意味著別的東西越少。例如政府發行的免稅債券，就會比有課稅的債券報酬率要低。你不必繳稅，但你的報酬率就不會那麼好。照理說，收入高且稅負重的有錢人，應該更關心節稅事宜，並據此慎選投資項目。

你的年齡，或許更明確的說法是你離退休還有多久？也應納入財務投資考量。退休後，大部分人沒很多收入，因此不需要付很多稅金，節稅不是那麼重要。但是在主要的工作賺錢期間，假設是三十～五十五歲，大多會有較高的收入與稅負，因此節稅就比較重要。

各種個人投資工具

現在我們來思考各種潛在的財務投資，如何用四項特性（報酬率、風險、流動性、稅負）來衡量，以及如何在這些特性中做取捨。尤其是報酬和風險之間的取捨，借用伯頓・墨基爾（Burton Malkiel）⑥所說，以睡眠安穩量表來反映風險程度：如果把錢投入這項財務投資，你晚上睡得安穩嗎？

先說**銀行帳戶**。銀行提供很低的報酬率而且利息要課稅，但它們非常安全且流動性很好。各國政府還會提供存款保險，保障存款在銀行帳戶的安全性。根據

⑥伯頓・墨基爾（1932-）：美國經濟學家，耶魯大學經濟學教授，「有效市場」理論的主要擁護者，一九七三年發表投資經典《漫步華爾街》(*A Random Walk Down Wall Street*)，至今熱銷三十餘年。

墨基爾的睡眠量表，如果你把全部的錢放在銀行帳戶，那麼你大可以昏睡不醒。它的風險程度接近零。

銀行帳戶往上升一級，可能是貨幣基金。貨幣基金投資於很多風險很低的債券，可能是政府或大公司發行的債券。你在貨幣市場會得到比銀行帳戶稍好一點的報酬。貨幣基金仍然相當有流動性也相當安全，但不如銀行帳戶。根據墨基爾的睡眠量表，把錢放在貨幣基金，你可以在下午小睡，然後晚上也能安然入眠。

另一項投資類別是**定期存單（或稱 CD）**。定存是在一定期間內，把資金存放在銀行或金融機構的合約。可能是六個月、一年或數年，但不論期間多久，你在這段期間不能碰這筆資金。這麼做的好處是，你會拿到比一般銀行帳戶更高的報酬率。定存的資金很顯然不是很有流動性；遇到緊急情況時雖然可以取回這筆錢，但得付點罰金。然而它的報酬率優於銀行帳戶，而且多少有些保障。根據墨基爾的睡眠量表，你仍然可以安然入眠。

至於多樣化的**公司債投資組合**，或投資於這類債券的共同基金，又如何呢？記住，債券是在一段固定期間內，可以得到預先決定報酬率的一種投資工具。通常一個多樣化的公司債投資組合，會給你優於定存的報酬率。如果你透過基金買債券，當有需要時，通常相當容易轉換為現金。然而它的風險會稍微高些，在大部分情況下，債券報酬率是一個固定利率，這表示如果通貨膨脹與市場利率上升⑦，你就會被鎖在這個較低的固定利率，因而吃了虧。因此，若把錢放在債券基金，風險會多一些。睡眠安穩程度可能是：你仍然整晚都睡著，但偶爾會做噩夢。

另外還有多樣化的**藍籌股投資組合**。藍籌股（blue chip stocks）指的是大型、知名公司的股票，例如奇異、沃爾瑪、艾克森美孚等公司。共同基金持有很多這些信譽卓著、長期獲利的公司，它提供優於債券投資組合的報酬率，因為股票風險比債券高，即使是藍籌股亦然。然而，股票有節稅優點，因為在你賣出之前，不必對資本利得繳稅。因此，如果你長期持有股票，在收到資本利得前，都可以暫時不必繳稅。此外，投資組合多樣化也能降低風險。任何一家公司的股價下跌，不致讓你損失太多。如果是買股票基金，流動性也相當夠。

然而，你的股票投資組合很可能不但沒有保障，而且還可能虧損。例如一九八七年的股災，股市在一天內蒸發了二〇%市值。而二〇〇〇～〇一年是緩

⑦固定利率即債券的票載利率；市場利率也稱為名目利率，而名目利率減去通貨膨脹率就等於實質利率。

步崩跌，從二〇〇〇年八月到二〇〇一年九月這倒楣的十三個月，在紐約證交所掛牌的股票平均跌掉一八%。二〇〇七～〇九年經濟衰退時期，從二〇〇七年十月到二〇〇九年三月，紐約證交所股價平均而言都腰斬。因此，如果你投資的是持有多種股票的基金，根據睡眠安穩量表，你在入睡前可能輾轉反側，而且睡醒之前會經歷一些恍若真實的夢。

想要多冒點險嗎？不妨試試多樣化的**高成長股票投資組合**。成長股是較不成熟的公司，這種投資一般會比藍籌股提供更高的報酬率。幸運的話，你可能會有好幾年賺到比市場長期平均一〇%還高的報酬率。同樣的，如果是買股票基金，流動性也相當夠。儘管多樣化投資這些股票可分散一點風險，但畢竟這些公司本身是風險較高的。例如，從二〇〇〇年八月到二〇〇一年九月，當紐約證交所藍籌股市值跌掉一八%時，那斯達克證交所小型成長股的市值，卻跌掉了約六〇%。這錢不只是損失，而是融化了。因此，按照睡眠量表，如果你把錢投入成長型股票基金，你將噩夢連連；但如果你可以長期持有，經歷一波又一波的漲跌洗禮，最終你在晚上還是可以得到充分休息。

當你買了一間**房子**，它不只是一個住的地方，也是一項房地產投資。對多數人而言，住家是他們至今做過最大的單筆投資。歷史上，擁有房產的平均報酬率都是正數，但對於處在蕭條市場的每位屋主來說，等待房屋價值攀升，可能要花一段很長的時間。換句話說，長期（以十年為單位）風險相當低，但短期（以月或年為單位）風險卻高很多。房屋的流動性低，但好處是購屋可能有稅負抵減。我們很難用睡眠量表來衡量住房投資，因為從個人角度來看，住家的意義遠大於投資，至少房子給了你一個生活和睡覺的地方。但房子也可能讓你失眠，就像自二〇〇六年起美國房價下跌後，數以百萬美國家庭所經歷的情況。

個人可從事的最後一種投資是**貴金屬**，例如黃金、白金，這些貴金屬是個人可從事的風險最高的投資之一。貴金屬市場價格波動劇烈，如果你買賣時機正確，的確可能大賺一筆；但若時機錯誤，損失也很可觀。根據睡眠量表，就是失眠啦！就我本人而言，把這些投資交給專家吧。

你能用多少時間投資？

腦海裡有了這些選項後，個人投資的最佳策略是什麼呢？真相其實是：沒有一體適用的方法。考慮你的投資時程規畫，會是一個有用的出發點。短期而言，股市的風險很高，但如果視為長期儲蓄（例如幾十年後的退休生活），那麼行情的起伏很容易互相抵銷，長期下來，很有機會因耐心而得到回報。然而，如果你這筆錢是要用來採買本週的食品雜貨，或是為下個月的貸款、下學期的學費著想，那麼你可能無法忍受太多風險。你需要確保錢的安全、流動性夠，就別奢望報酬率好。如果你的時間規畫介於上述兩者之間，例如計畫幾年後買新車或較大的房子，那麼你可能無法承受股市風險，但可以忍受比存在銀行高一些的風險。債券與定存可能是你的最佳選擇。**時間範圍，是你對風險承受度的一大關鍵因素**。

也許多數人對其退休金所犯最大的錯誤，是沒有承擔足夠風險，尤其在早期階段，因為太在意財務安全，以致把太多錢放在債券、銀行及貨幣基金。人們即使到了五十、六十歲，一般預期可以再活二十或三十年甚至更久，那可是一段很長的時間，應可利用複利來累積財富。

那麼，何不只要挑選報酬率最高的股票，然後把全部的錢投入那支股票？為什麼要瞎扯這些風險、流動性與多樣化的觀念？當然了，問題在於沒有人知道哪支股票未來會提供最好的報酬率，股價是根據市場對這家公司未來獲利的預期。股價上漲的因素是，新訊息顯示該公司會比以前更賺錢。但是這些新訊息，就本質而言是不可預測的。**正因為你不能預測會出現什麼樣的新訊息，所以股價漲跌是不可預測的，這就是統計或經濟學家所謂的「隨機漫步」**（random walk）。[⑧]

你真正想買的股票，是別人認為前景不好（需求量低，因此價格低），但在未來每個人將認為是隻金雞母的（需求量高，因此價格高）。或許，我是說或許，每週工作六十或八十小時的資深專業投資人，可以定期挑出這類股票。但如果你是坐在家裡讀《華爾街日報》裡昨天寫的更早以前發生的新聞，那麼你該明白，股市專家在幾週前就知道大部分的消息了。你不可能用這種方式看透市場行情。《華爾街日報》或《富比世》雜誌的財經記者有時會組織「標靶基金」，望文生義，某人在房裡對著釘在牆上的報紙證券版射飛鏢，然後買進他射中的任何一支股票。之後，把標靶基金和專業投資人的投資績效拿來比較。結果如何？標

⑧隨機漫步：一種數學統計模型，由一連串軌跡所組成，其中每一次都是隨機的。而證券價格的波動是隨機的，就像醉漢走路，價格的下一步將走向哪裡，是沒有規律的。

靶基金的績效差強人意，而那些專業投資人也半斤八兩。

所有的投資忠告最終都基於一個事實：你需要存些錢，越早開始越好。無論你是二十幾歲、三十幾歲、四十幾歲或五十幾歲，總是有上百萬個理由讓你無法存錢，但如果你不穩定儲蓄，到了六十或六十五歲才想求得錦囊妙計，讓你在退休後能享有高水準的收入，那根本是緣木求魚。

第九章

從完全競爭到壟斷

From Perfect Competition to Monopoly

經濟學家約翰·希克斯爵士：
壟斷最大的好處，就是平靜的生活。

我們已經討論經濟學家如何從個體經濟的觀點來看經濟。也許可以把這個觀點總結一下，即：個體經濟牽涉到市場上（商品、勞動與資本市場）供給與需求互動的力量。這章起，我們要討論這些市場力量走偏鋒的狀況。例如，廠商追求獲利，對整體社會是一刀雙刃。獲利的欲望，促使廠商生產高品質、低成本的創新產品，造福了消費者。但是追求獲利，也會鼓勵廠商哄抬價格、對品質不夠用心、不誠實、製造汙染等等不受歡迎的行為。政府在經濟上所扮演的角色之一是制定法規架構，鼓勵追求獲利的正面結果，並抑制上述黑暗的經濟力量。本章將討論獨占或壟斷和其他不完全競爭的市場是如何運作的，在下一章討論政府排除競爭行為的政策。更後面的章節則研究在沒有規範的市場，可能發生的種種問題，包括汙染、貧窮、所得不均、功能失調的保險市場等。

在談到企業如何競爭前，我們應該花點時間探討「企業」的含意。在美國社會，企業規模從一人公司到超大型公司都有。企業所有權可分三類：獨資（proprietorship）是由單一個人擁有；合夥（partnership）是由一群人擁有；公司（corporation）則是有法律實體的組織，獨立於其持有者，可能由一人或一群股東所有。二〇〇〇年初期，美國社會大約有一千八百萬家獨資企業，二百萬家合夥及五百萬家企業。雖然公司在數量上不是最大類別，但在規模上卻占主要地位。這五百萬家公司的營業額約二十兆美元，而二百萬家合夥企業總營業額只有約二·五兆；一千八百萬家獨資企業營業額則約一兆美元。

四種競爭型態

任何類型的企業，在任何規模、任何產業下，都可能會涉及四種不同競爭類型之一。想像這四種類型是分布在一條光譜：一端是「完全競爭」（perfect competition），有很多小企業在製造幾乎一樣的產品；另一端是「壟斷」（monopoly），單一生產者在特定市場幾乎擁有全部的營收；介於兩者的有「壟斷競爭」（monopolistic competition），是指很多企業爭相銷售稍微不同的產品，例如每家餐廳都賣食物，但所提供的東西各有不同的風格與品質；最後是「寡占」（oligopoly），它有點接近壟斷，只是並非由一家企業囊括全部市場營收，而是少數企業在特定市場擁有大部分或全部營收。以下仔細討論每種類型。

完全競爭產業的主要特徵是價格接受（price taking），也就是說完全競爭的企業必須接受市場給定的價格。在這些產業的廠商別無選擇，原因是消費者很容易找到替代品。如果完全競爭的企業把產品價格提高一塊錢，消費者就會去向其他廠商購買一樣且更便宜的產品。企業可以很容易進出一個完全競爭的產業，這是因為產品簡單易做，通常是眾所周知的物品，如襪子、木栓之類。在這種競爭的環境，價格會密切反映生產成本，因為競爭迫使價格降到最低，緊貼在生產成本之上。因此，完全競爭市場的企業，大都只能賺取同樣低的利潤。

根據教科書裡的定義，真正的完全競爭就像是實驗室裡的純氣體：它是理論上的極端情況，而產品也很少是一模一樣的。人們可能偏好某種風格和顏色的襪子，或偏好某種螺絲起子與木製螺帽完全貼合的感覺。還有很多要考慮的，例如供給的可靠度或產品品質。但完全競爭的概念（產品一模一樣而以價格競爭）可以作為有用的比較基準，一些日常生活用品，例如汽油、電視機和農產品，在市場上的運作很接近完全競爭，許多產品幾乎一模一樣而且價格競爭激烈。

光譜的另一端是**壟斷（獨占）**，單一賣家在特定市場擁有全部或大部分的營收。例如，微軟在一九九〇年代晚期與二〇〇〇年代早期，主宰了電腦作業系統的市場；大約二十或三十年前，ＩＢＭ主宰了大型電腦市場；全錄曾經主宰影印機市場；美國的郵政服務公司至今仍主宰郵件投遞市場。大部分人無法選擇由誰來收集垃圾或提供電力，這些通常也是壟斷，只是屬於當地或區域性的壟斷。

要如何才能達到壟斷狀態？通常是用一些障礙，阻止其他廠商進入市場。例如，假設進入障礙是某個技術專利，像藥廠發明了新藥，擁有這項專利的藥廠就成為唯一能製造這個藥物的廠商（至少在某一段期間內），因此它可能是同業中唯一賣這種藥的公司，進而壟斷了市場。事實上，贊成專利的經濟論點是，藉由允許專利在一段期間內的獨占地位，可以促進創新。這種有限制期的壟斷，其權衡取捨的是公共的利益。

有些壟斷是由法律創造出來的。例如，美國郵政服務公司在郵件市場有獨占地位，而在美國大部分城市，當地政府在垃圾收集市場有獨占地位。另外一個進入障礙是所謂的**「自然壟斷」**。當這個產業出現規模經濟現象，提供大型、穩定的企業勝過新進企業的優勢時，就會發生自然壟斷。例如，相對於小型太陽能發電廠，一個大型水力發電水壩，可用較低的平均成本生產電力；一旦有了水力發電，小型電力生產者會很難進入市場，即使它們可能在成本上有競爭力（如果它們也可以用較大的規模來生產）。若產業中所有大廠都合併，或至少同意一起行動，理論上也會發生壟斷，但以反托拉斯法而言，這是違法的行為。

和完全競爭市場不同的是，獨占企業在市場有設定價格的能力，可讓價格高於生產成本，因此可賺取較高利潤。獨占企業會根據該產品的需求彈性來定價，如果產品需求很沒有彈性，那麼獨占企業就可以提高價格，而需求量只會小幅下滑。我們再回頭來看壟斷某種藥品的藥廠，如果那是唯一有效的藥品，病患勢必會為它付出大筆金錢。

然而，獨占者不一定只從金錢得到利益。經濟學家約翰·希克斯爵士（Sir John Hicks）⑨曾說：「壟斷最大的好處，就是平靜的生活。」沒有競爭者，廠商就可以放鬆。而在一個完全競爭的市場，你一刻也不能放鬆。十九世紀的英國經濟學家暨哲學家約翰·司徒·米爾（John Stuart Mill）⑩說過：「沒有競爭的地方，就有壟斷。壟斷的本質就是對勤勞者課稅（如果不是掠奪），它能這麼做則

⑨約翰·希克斯(1904-1989)：英國經濟學家，一九七二年與肯尼斯·約瑟夫·阿羅(Kenneth J.Arrow)共同獲得諾貝爾經濟學獎。被視為二十世紀最重要和最有影響力的經濟學家之一。

⑩約翰·司徒·米爾(1806-1873)，古典自由主義思想家，為功利主義的重要代表人物之一。

是由於懶惰者的支持。」在最壞的情況下，獨占企業有兩個選擇，不是變得懶散無效率，就是有能力透過較高的價格榨乾消費者。

壟斷競爭的本質，較接近完全競爭而非獨占。當很多廠商藉由銷售「差異化」的產品（意即產品相似但不是一模一樣）來競爭時，就會出現壟斷競爭。例如，當你去商店買褲子，你可以買牛仔褲或卡其褲，也可以買羊毛褲，然後你可能去不同店家選購這些商品。這些商店競相銷售褲子，但它們不是一模一樣的產品。另一個差異化的例子是地點，你可能每週會在下班開車回家的路上加油，卻不曾光顧離你回家路線不遠的加油站。或者廠商可能提供買家不同的誘因：我應該在提供八折的A網路商店買這本書嗎？或是在提供免費運送的B書店呢？

和獨占企業一樣，壟斷競爭的廠商也有一些價格力，可根據需求彈性來定價，但它提高價格的力量不像獨占企業那麼大，它仍須考慮競爭者的價格。此外，壟斷競爭市場沒有進入障礙，可以開更多餐廳，可以有更多服飾店，也可以設更多加油站。因此，如果賣燒烤的餐廳在你住家附近流行起來，那麼就會有更多燒烤餐廳陸續開幕。由於這種進入與退出市場的過程，壟斷競爭的廠商在短期可以賺到比平常高的利潤，但長期則不然。它們的利潤越高，對想進入的競爭者而言就越有吸引力，然後更多的競爭就會把價格與利潤越殺越低。

從消費者觀點而言，壟斷競爭的好處是它提供廠商一個強大的誘因，去發現趨勢、產生創新以及提供多樣化產品。經濟學家沒回答的問題是，自由市場是否能提供適量的多樣性。我們大多喜歡豐富多樣的世界，不會願意生活在全都穿藍色牛仔褲和白色T-shirt、每天吃白吐司起司三明治的世界，即使這個社會只生產一種牛仔褲、T-shirt、起司與麵包是更有效率的。相反的，就算我們有數百款籃球鞋或香皂可供選擇，我們實際上有生活得更好嗎？答案還是不一定。

最後，**寡占**的本質較接近獨占而非完全競爭。它是一些廠商在一個特定市場，擁有大部分或全部的營業額。例如，可口可樂與百事可樂主宰了軟性飲料市場的營業額。對於任何寡占市場而言，關鍵是廠商是否彼此競爭激烈，如同完全競爭般使得利潤下降，或者它們是否（也許是不公開的）共謀使價格維持高檔，就像獨占一樣。

企業領導人通常不太贊成競爭。畢竟，你會想經營一家完全競爭的企業（為了蠅頭小利和很多競爭者廝殺）還是一家獨占企業（公司有很大的定價自由，可改變生產方法以及獲取高利潤）？競爭讓商人過得非常辛苦。相反的，消費者應該贊成競爭，因為競爭可以提供更低成本的創新產品，市場競爭是對消費者最有利的方式。

第十章

反托拉斯與競爭政策

Antitrust and Competition Policy

獨家交易、掠奪式定價等的定義，
看來模糊且不確定，但的確就是如此。

經濟學家看似終生歌頌競爭市場，但幾個世紀來，卻已充分意識到廠商通常試圖避免競爭。如同經濟學始祖亞當·斯密在《國富論》的名言：「即使只是為了歡笑作樂，同業也很少聚在一起；倘一旦有了對話，往往不是密謀對大眾有所不利，就是共謀漲價手段。」如何避免廠商密謀，鼓勵他們競爭呢？

美國執行反托拉斯（antitrust）與競爭政策主要的聯邦機構，是聯邦貿易委員會（FTC）與美國司法部。FTC是直接向國會報告的獨立機構，由五位委員領導，這五人是由總統提名，參議院表決同意，任期七年，其中不得有三位以上委員屬同一政黨。美國司法部有專責的反托拉斯部門，調查並起訴違法競爭的案件。

這些管理機構的主要任務之一，是確保廠商不會合併為獨占企業。根據法律，聯邦政府在企業合併案成立前有權審查。美國政府對企業合併案不太有敵意，FTC官網甚至說：「大部分企業合併案，使廠商得以更有效率地營運，實際上有利於競爭與消費者。」但它也警告：「有些企業合併案可能削弱競爭。導致價格提高，可獲得的商品或服務減少，產品的品質降低以及創新減少。」基本的哲學是在兩者間取得平衡：基本上美國是一個自由市場，允許廠商自己做選擇，但如果廠商的選擇會限制競爭，且會轉嫁成本給消費者，消費者就會要求政府介入。

在美國，企業合併案中，若有任何一方年營收超過一億美元，當事人在合併案成立前就必須通報政府。二〇〇〇年中期，美國每年約有二千個合併案被核准，其中約有一半是成交金額二億美元以下的案子；大約一〇%金額超過十億美元。這些合併案每年約有二百件會引起政府注意，要求提供更詳細資訊。這可能導致三種結果：政府可能阻止合併案；可能有條件核准（通常會要求一部分有壟斷市場疑慮的業務，在合併時要分售，不能納入併購標的內）；或者讓合併案如期通過。

競爭與規避競爭的戲法

但是廠商避免競爭的問題，不是這樣就結束了。廠商不必真的合併，也可以規避競爭，例如協議同時進行漲價。當廠商公然共同漲價是明顯違法且有違常理時，ＦＴＣ就該判斷業界是否以不成文的默契哄抬價格。

執行反托拉斯的其中一項任務，是定義市場上的競爭程度，然後判定是否為充分競爭。衡量競爭程度最簡單的方式是四大廠商集中度（four-firm concentration ratio），作法則是將該產業前四大廠商的市場占有率加總起來。最極端的例子是市場上只有四家廠商，這四家的市占率加總是一〇〇％，所以四大廠商集中度會是一〇〇。四大廠商集中度較高，表示競爭是有限的。雖然四大廠商集中度是一個可堪使用的競爭衡量指標，但它有時不夠精細。想想看，某個有八家廠商的產業，假設其中四家各有二〇％市占率，另外四家各有五％。此時，四大廠商集中度是八〇％。但假如一個產業有八家廠商，第一家有六五％的市占率，其餘每家都是五％呢？你仍然會得出四大廠商集中度為八〇％，但實際情況是，這個市場很接近獨占。

赫芬達—赫西曼指數（Herfindahl-Hirschman Index，ＨＨＩ，或稱赫式指數）是一個更精確的競爭程度衡量指標。這個公式考量每家廠商的市占率，先算出每家廠商營收占市場總營收的百分比，然後把每家市占率的平方再加總起來。例如，獨占廠商市占率為一〇〇％，它的ＨＨＩ就是一〇〇的平方，也就是一萬。

如果市場有一千家小廠商，每家的市占率為〇．一％，那麼它的ＨＨＩ就是十。因此，指數低表示市場競爭程度高，反之亦然。

二十年前，如果市場的ＨＨＩ在提議合併案之後低於一千，ＦＴＣ通常會贊成該項合併案。如果ＨＨＩ介於一千～一千八之間，ＦＴＣ會詳細檢查這個案子，視個案決定。當ＨＨＩ高於一千八時，ＦＴＣ傾向於挑戰該項合併案，不是開出但書就是完全封殺。然而，過去二十年來，ＦＴＣ與美國司法部已經不採用機械式衡量的市占率，部分原因是很難界定個別市場的範圍。

定義「市場」規模的問題，在一九五六年有一個經典法律案例。杜邦公司當時被指控壟斷玻璃紙的生產。杜邦也很快承認，它在當時生產所有玻璃紙的七〇％左右。然而，該公司說定義市場的正確方式要看所有的「彈性包裝材料」，裡面包含蠟紙等其他產品。以這種方式定義市場，杜邦擁有的市占率還不到二〇％。最後，美國最高法院同意杜邦的論點，因此裁決雖然他製造大部分的玻璃紙，但這在彈性包裝紙相關市場並不算壟斷。

類似問題也曾發生在一九九〇年代。微軟占有電腦作業系統八〇％以上的市場，但「作業系統」是這個市場的正確類別嗎？應該要包含整個軟體市場嗎？舉例來說，如果包含電腦遊戲，微軟在整個軟體市場的占有率會小得多。微軟辯駁它只是軟體大池塘裡的一隻小魚；政府則認為微軟是作業系統小池塘裡的一隻大魚。在這個案例中，法院同意起訴，把「作業系統」定義為較狹義的市場。政府對微軟的訴訟案最後是庭外和解，微軟同意讓外部競爭者可以把它們的軟體和微軟的作業系統整合，使競爭者得以更有效的與微軟的其他軟體產品競爭。

當你在判斷全球市場的競爭狀況時，想像一下你會遇到的複雜程度。在本書寫作同時，美國三大汽車製造商（通用、福特、克萊斯勒），各自處在不同的財務狀況。它看起來像是一個高度集中的市場，但這三家公司在美國市場也必須和來自世界各地的汽車製造商競爭。如果說這三家美國公司形成寡占，主宰了美國汽車市場，這說法就未免荒謬可笑。

以全球觀點來看，就可以明確解釋為什麼在一九九八年底艾克森公司與美孚石油獲准合併。當時艾克森有八萬名員工，年營收大約是一千三百七十億美元，美孚有四萬二千名員工，年營收六百六十億美元。事實上，艾克森是美國第四大公司，而美孚是第十三大。而ＦＴＣ與司法部為什麼允許這件超大型公司合併案走下去？原因是這兩家公司是在全球能源市場上競爭，把合併後的艾克森美孚和其他國家例如沙烏地阿拉伯、奈及利亞和委內瑞拉的國營石油公司相比，它還達不到掌控這個市場的程度。

反托拉斯大戰

在判斷市場競爭程度時，除了觀察市占率，另一個方法是觀察市場價格的模式。經典案例發生於一九九七年，當時史泰博（Staples）和歐迪辦公（Office Depot）宣布要合併。他們的市場範疇，大致包含大型商場、雜貨店與藥局，基本上就是你可以買到鉛筆的任何地方。這兩家公司解釋他們在辦公用品市場的合併占有率只有六％，不能算獨占。ＦＴＣ與司法部沒有爭論該市場的適當規模，但採取另一個方法，根據兩家公司各店的銷售資料，它們發現史泰博的價格在沒有歐迪的城鎮，會高於兩家公司都存在的城鎮。這個證據顯示兩家公司是競爭者，而提議的這個合併案，會導致消費者的購買價格變高，因此予以駁回。

美國政府不只有權力阻止或限制企業合併，也可以分拆壟斷者的大公司，一九一〇年早期的標準石油（Standard Oil）即是有名的瓦解案例⑪。一九八〇年代，AT&T被拆解成所謂小貝爾的七家地區型電話公司、貝爾實驗室以及一家長途電話公司；美國政府曾多次試圖瓦解ＩＢＭ卻沒有成功，直到它自願出售某些業務；近來則有人建議瓦解微軟（Microsoft）。但最近幾年，法院認為把一家運作良好的公司分拆，其經濟成本可能會超過效益，所以對於分拆公司變得相當猶豫。

企業也可能密謀用各種方式消弭市場競爭。**價格壟斷**（price fixing）的**卡特爾**（cartel）組織，是由同一市場的一群企業組成，彼此協議共同設定產出水準和價格，這種作法明顯違反美國與歐洲的法律。在一九九〇年代晚期與二〇〇〇年初期，維他命製造商的國際卡特爾組織，包含瑞士羅氏藥廠（Hoffman-La Roche）、德國巴斯夫（BASF）與法國羅納普朗克（Rhône-Poulenc），因密謀哄抬全球維他命價格而遭到調查。結果這些藥廠被罰款數億美元，一位高層主管被判監禁四個月。

二〇〇〇年早期，美國政府積極調查大約三十個可能成為卡特爾的不同組

⑪標準石油瓦解案：始於美國石油大王洛克菲勒（John D. Rockefeller）在一八八二年聯合四十家相關企業，集體由標準石油托拉斯（Standard Oil Trust）統籌管理業務，以哄抬或控制價格。美國政府為解決此不當壟斷現象，於一八九〇年通過休爾曼法（Sherman Act），並起訴標準石油，標準石油因此於一九一一年宣告瓦解，此後反壟斷即被稱為反托拉斯。

織。你可能沒聽過離胺酸（lysine），它是由全球約五家大廠生產的一種食品添加物，但是對反托拉斯經濟學家而言，這是一個惡名昭彰的案例。這五家的高層領導人在旅館房間密會，協議維他命的銷售數量及價格。司法部取得的監聽錄音中，ADM公司總裁稱該公司的口號是：「競爭者是我們的朋友，顧客是我們的敵人。」這句話可說正是各地卡特爾組織的座右銘。

如同跨國犯罪一樣，很難說誰有權力起訴卡特爾組織。例如，石油輸出國組織（OPEC）成員開會議定石油價格，但是要依據誰的法律來判定它們的行為違法？又有誰可以起訴他們？

除了形成卡特爾組織外，潛在競爭者也可能形成種種限制性的商業慣例。

- 在一份**價格維持**（price maintenance）合約裡，製造商把東西賣給一群經銷商，堅持某個最低轉售價格，以防止經銷商彼此競爭過頭。根據法律，製造商可合法「建議」最低價格，且停止銷售給經常暗中破壞建議價格的經銷商，但製造商不能「要求」最低價格，這兩種情況有微妙的差異。

- 當製造商要求經銷商只能賣自己的產品，而不能賣競爭者的產品時，稱作**獨家交易**（exclusive dealing）。如果其目的是鼓勵競爭，例如福特汽車經銷商與通用汽車經銷商競爭，那麼這種交易是合法的。但如果製造商太強勢，這類獨家交易可能會遏止其他製造商的競爭，而且可能被判違法。
- **搭售**（tie-in sale）或綁售（bundling），是指顧客只有在買了某個產品時，才能買另一個產品。這可能是合法的，例如球隊的季賽聯票或是綁售的套裝軟體，但如果類似的品項卻不能單獨購買，那就可能違法了。
- **掠奪式定價**（predatory pricing）是指既有廠商大幅削減價格，幅度夠低且時間夠長，把新的競爭者趕出市場後，再提高價格達到獨占水準。在實務上，通常很難定義掠奪式定價與傳統激烈價格競爭之間的界線。

獨家交易、掠奪式定價等名詞的定義，也許看來模糊且不確定，但的確就是如此。關於違反競爭行為的規定，總是有一些灰色地帶。政府干預可鼓勵更多競爭，但對於政府干預的範圍也不斷引發爭論。懷疑論者通常不贊同政府的反托拉斯行動，他們認為卡特爾組織應該會瓦解，而獨占廠商很快就會面臨競爭壓力。他們認為，政府管理者可能會受政治壓力影響，而沒有採取對消費者最有利的行為。

然而，大多數人贊成強力執行反托拉斯法，並且相信政府應該監督妨礙競爭的大企業。但是在某些情況下，人們對市場競爭的支持度則不明確，例如美國對國家郵政公司作為獨占事業的態度。全球其他高收入國家已紛紛解除郵政獨占，允許競爭，如果你贊成消滅壟斷，卻又怕給國家郵政公司帶來競爭，那麼，你可能需要再深思。

第十一章

管制與解除管制

Regulation and Deregulation

若能尊重激勵誘因與市場力量，
管制手段也可以運作得很好。

在某些產業，市場競爭不可能正常運作，反而會導致所有廠商蒙受巨大損失而無以為繼。十九世紀後期，美國鐵路產業蓬勃發展，業者最大支出是鋪設鐵軌的成本，一旦鋪好了，沿著鐵道運送商品的成本是低的。如果業者在某地區擁有當地唯一一條鐵道，就可以索取高額運費，並拿高額利潤支付高股利，以吸引更多投資人出資鋪設更多鐵道，依此循環下去。到一八八二年，彼此競爭的鐵路公司已經鋪設大約九萬英哩的鐵道，但競爭使得運價下跌，公司再也無力支付興建鐵軌的成本。到了一九九〇年，由私人企業所鋪設的鐵道，有一半已經改由破產法院營運。因此在二十世紀，美國政府管制鐵路業，之後也基於相同理由管制航空業。

市場競爭在公用事業不易運作，為什麼？試著想像一個城市有四家自來水公司，城裡每棟建築物地底下有四組水管，因為每家公司各有一組，這是行不通的！再想像一下，有四倍電線鋪設在街上，或是有四倍電車軌道交織在城裡。很多水力與電力公司依法是民營的，但卻由政府密切管制著。

為何管制？怎麼管？

這些被管制的產業都有一個共同特徵：必須仰賴某種網絡建設。興建整體網絡的成本是高的，而經營的成本通常是低的。如果放任這些大企業不管，結果往往會變成壟斷。但另一方面，讓兩或三家同類公司競爭，一旦他們的基礎設施到位，又可能彼此競爭而走向滅亡或是合併，結果仍然導致獨占。這種情況即是「自然壟斷」，因為產出的模式是興建網絡的固定成本高，日後提供服務的成本低，所以很容易形成壟斷。

管制這類產業，沒有一套完美的方法，但某些方法會比較好。歷史上，公用事業定價最常見的方法是**成本加成管制法**（cost-plus regulation）：精算過公司的生產成本後，允許一個較低的獲利水準（通常以一般企業在競爭市場可賺到的報酬為依據），且鎖定價格以便能獲取該水準的利潤。這也是二十世紀大部分時候，美國設定航空業和鐵路業價格的方法。成本加成管制法聽來合理，但所提供的誘因並不吸引人。在成本加成管制法下的廠商，不須想辦法削減成本或變得更有效率，而且他們沒什麼誘因去創新。更確切的說，在成本加成管制法下的廠商，甚至得到誘因，去拉高生產成本、興建龐大新廠，或雇用更多員工，因為其價格設定是以足以支應成本為前提。

成本加成管制法的替代方案，是**價格上限管制法**（price-cap regulation）。在這個制度下，管制者（也就是政府）設定一個價格，讓被管制的廠商在未來幾年可以依此收費。例如，管制者設定電力公司在未來三年可以對消費者收取某費率，因為電力公司在未來幾年不須降價，但如果能自行降低成本，利潤就能提高。當價格上限到期時，管制者會根據新的成本重新設定費率，適用於新一輪期限。如此，廠商與消費者都可受益。

但是當管制者開始以為他們的使命是保護產業利潤及其員工，而非保護市場競爭與消費者時，任何的管制法都會面臨經濟學家所謂**「管制俘虜」**（**regulatory capture**）的危險。管制者似乎經常會發展出一種斯德哥爾摩症候群（Stockholm syndrome）[12]——同情受管制的廠商，以致蒙蔽其判斷力，無法保護消費者。

因此，在某些情況下，最佳的管制法就是**解除管制**（deregulation）。一九七〇年代後期與八〇年代初期，美國某些產業經歷了一波解除管制，包含航空、銀

⑫斯德哥爾摩症候群：又稱「人質情結」，指犯罪的被害者對於犯罪者產生情感，甚至反過來幫助犯罪者的一種情結。源自一九七三年在瑞典斯德哥爾摩的一家銀行搶劫事件。

行、貨運、石油、長途巴士、電話設備、長途電話服務以及鐵路。當這些產業解除管制後，它們不再是美好、整齊、有條理、每年都可預見高水準獲利的市場。雖然如此，美國一九七〇年代解除管制的大型實驗，讓消費者的選擇如雨後春筍般湧現，到了一九九〇年代末期，每年因降價讓消費者省下的荷包，高達五百億美元。航空業重整為樞紐網絡系統，在城市間開出更多班機；卡車也設定類似的樞紐網絡運輸系統，改善了運送效能。銀行業解除管制後，引進了自動櫃員機與彈性的金融服務；電信業則帶來新技術的躍升。

你也許會說，這些改變有的遲早會發生。畢竟科學在不斷演進，就算沒有市場競爭，智慧型手機與自動櫃員機這類新服務，在技術上不是必然會出現的嗎？可別遽下定論。例如，自從電話發明之後，直到電信業解除管制的幾十年間，雖然技術有巨大進展，但改變卻相當小。而當今天的嬰孩未來變成青少年時，甚至可能不會認得什麼是有線電話。這些改變在一個管制市場都必然會發生嗎？我想這不是可預料的結果，至少不會這麼快就發生。

當然，解除管制也是一種權衡取捨。當產業開放競爭，原本受到人為保護的勞動市場，也會面臨競爭壓力，某些人的薪資會下降，因為當貨運與電信產業在解除管制後，企業開始急速擴張，就業機會就增加了。有些員工在解除管制後被資遣或減薪，因為他們從前的工資是基於政府管制，才在限制競爭下讓消費者付出較高的價格。

即使是在需要某種程度管制的情況下，被管制的產業也可以切割成幾部分，留給市場競爭力量來運作，美國以前的電信獨占商 AT&T 的瓦解正是一例。AT&T 的長途電話、設備與研究部門，在競爭者加入後，的確變得更創新；而各地區的電話公司，對於競爭則表現得有點遲鈍，直到隨著新型手機與網路技術普及，競爭態勢才升高。還有一些產業，若加入某種程度的競爭可能會有幫助，例如垃圾清運業，各家廠商可以競標附近地區的合約；或是支援縣市政府的服務業，比方說清潔服務、維修服務、自助餐館與建物管理。

電力一直被視為自然壟斷，且被當作公用事業來管制，這得歸因於須鋪設電線網絡。但是對於電網的爭論重點，卻不在於如何生產電力。電網可能是由政府擁有且受管制，但是廠商可以在供應能源方面競爭，包含太陽能和風力等替代能源。英國從一九八九年開始對能源市場進行試驗，而美國在一九九〇年代試圖解除電力管制，有些成功（如賓州），有些則徹底失敗（如加州）。

寬頻網路具有自然壟斷的特性，廠商也需要建立一個高固定成本（鋪設纜線到每一戶）的網絡才能提供服務。因此，有人主張該產業應該藉由獨占管制來提供服務。但是過去十年透過各種可行的傳輸方法（有線電視纜線、光纖，甚至是無線），寬頻上網產業也具備了市場競爭的潛力。隨著技術快速演變，鼓勵多樣化技術，會比政府選定一項技術然後加以管制來得更好。

市場競爭的力量可以鼓勵創新與效率，並嘉惠消費者。但是在某些涇渭分明的情況下，當市場競爭無法良好運作時，政府可以扮演有用的角色，作為經濟競爭的仲裁者。政府也是安全標準、財務報告正確性與資訊揭露的合理仲裁者。當市場力量的結果似乎不受歡迎時，真正的挑戰是發掘根本問題，並據以設計因應對策。判斷該問題是有關壟斷、卡特爾、限制性的商業成規、自然壟斷、再也不需要管制的產業，或者是需要某種服務的低收入民眾？與其採取極端贊成或反對管制的封閉態度，更明智的作法應是見招拆招。如果政府單單施以管制手段，市場通常會運作得很差；當管制手段也能尊重激勵誘因與市場力量時，它反而可能運作得很好。

第十二章

負外部性與環境

Negative Externalities
and the Environment

解決環境汙染的方法，已經從命令與控制，
轉變為市場導向的誘因設計。

環保人士有時會把自由市場視為環境的敵人，但其實自由市場並不是環境的最大敵人。相較於高收入、市場導向的國家，低收入、市場機制差的國家，通常環境問題更嚴重。曾經嘗試消滅自由市場力量的國家，例如中國與前蘇聯，便遭遇嚴重的汙染問題。同時，最近幾十年，即使是在經濟成長的情況下，美國的空氣和水的平均品質也有改善。或許政府除了促成自由市場之外，也很適合提供法規背景，以確保乾淨的空氣和水。本章就來研究汙染經濟學，觀察它是如何運作的。

在這裡，核心的經濟學概念是**「外部性」（externality），指在直接的買家與賣家之外，有第三方直接受到這個交易的影響**。自由市場概念，在某種程度上是基於買家與賣家會根據自身的最佳利益而行動。但市場交易對第三方（沒有選擇涉入該交易）不利時，主張自由市場會使所有人都受益的論點就不成立。

外部性可以是正面或負面的。例如你的鄰居正在舉辦宴會，找來一個很吵的樂團，鄰居快樂享受音樂，樂團也開心表演。至於你，身為局外人，可能會有兩種反應：如果你喜歡這種音樂，那很棒，你可以享受一場免費的音樂會；如果你不喜歡，那就不妙了，你只好忍受（或是報警）。無論是哪種情況，你的鄰居和樂團之間的交易，都沒有考慮到你。

汙染是**負外部性**（negative externality）最重要的例子。在不受約束的市場交易裡，廠商只注意生產商品的私人成本，至於社會成本，是不用支付的生產成本，因此廠商不會納入考量。如果倒垃圾不必花一毛錢，廠商可能會製造很多垃圾；但如果必須付錢處理，那保證廠商自然會想辦法減少垃圾。同樣的，與汙染有關的公共政策會讓那些製造汙染的人正視問題，把汙染成本納入考量。

用誘因取代控制

「**命令與控制**」（command and control）是經濟學家專指這類管制政策的用詞，它規定了可合法排放汙染的最大量。一九七〇年代，美國早期的環保規章即是採用這個方法，當時通過了「潔淨空氣方案」與「潔淨水方案」，而且的確收效。根據美國環保署統計資料，一九七〇～二〇〇一年間，空氣微粒含量下降了七六％，二氧化硫下降四四％，揮發性有機化合物減少三八％，而一氧化碳減少了一九％。空氣裡的鉛含量（對發育中的小孩特別有害）下降了九八％，主要是因為使用無鉛汽油。至於水的問題，要像空氣般檢測水質是比較難的，但過去四十年已普遍建立更好的汙水處理廠和更好的廢水處理措施，所以已經有大幅改善。

雖然有這些好消息，但命令與控制的環保規章仍有一些顯著缺點。其中之一就是，管制者可能會開始考量產業利益，這是任何管制制度都可能發生的，例如先前討論的管制俘虜的情境。此外，命令與控制的管制標準通常是無彈性的，甚至明確規定必須使用什麼技術來減少何種汙染，也不會獎勵一開始就避免汙染，或把汙染減少至法定標準以下的創新作法。

命令與控制管制法的替代方案，會遵循市場導向的環保政策大方向。**這些政策試圖以市場誘因來運作，而非命令廠商採取某種行動**。這些政策有幾種方式，其一是對生產者每單位的汙染課徵汙染稅或汙染費。這種費用對減少汙染創造了明顯的誘因；而且不像命令與控制的系統，它能鼓勵廠商持續尋找減少汙染的方法，而非把汙染量減少到低於法定範圍一點點就好。這方法也有很高的彈性，允許生產者自行決定進行汙染減排的最佳方法。

另一個市場導向的環保政策，是「可交易的許可」（marketable permit）制度。可交易的許可給汙染者排放某個汙染額度的法律權利，且通常獲許可的汙染量會隨著時間遞減。如果汙染者排放的汙染量未超過許可額度，那麼剩下的額度就可以賣給別人，也就是「可交易」這個字的意思。如果新的生產者想要進入市場，它必須跟某個現有廠商購買汙染額度。關於可交易的許可，美國已有一些成功案例，例如減少汽油裡的鉛含量。許可額度就和汙染稅一樣，提供誘因讓廠商減少汙染並創造更環保的技術，只是它的誘因不是減稅，而是讓廠商透過汙染減排行動而有機會賣出額度賺到錢。最近幾年，歐盟就試圖利用可交易的許可制度來減少大氣中的碳排放量。

市場導向環保政策的另一個選擇方案，就是以**財產權**（property right）作誘因。想想非洲大象或犀牛的保育問題，如果這些動物不屬於任何人所有，那麼牠們對於盜獵者和逐漸萎縮的棲息地都將毫無招架之力。但如果你宣布牠們的棲息地為保護區，讓住在保護區附近的每個人，都有來自觀光旅遊的經濟誘因去保護這個公園，那麼在動物周遭的人們就有充分的經濟理由來保護牠們。

過去二十～三十年，環保政策已經從單純的命令與控制，轉變成市場導向機制。一般而言，經濟學家偏好這些機制。

當代最大的環境議題之一，是由於二氧化碳與其他氣體排放造成全球暖化的威脅。從經濟與政治立場來看，它是一個有爭議的主題。作為一個沒有任何氣候科學專業知識的經濟學家，以下是我的看法。

一些知名的氣候科學家相信，我們目前的碳排放水準提高了全球環境嚴重破壞的風險。這個風險的機率與規模很難衡量，但是當我們面臨嚴重風險時，通常值得採取一些保險措施。在這個情況下，「保險」的一個形式是，找到方法來限制大氣中碳的數量。舉例來說，我們可以用命令與控制，來規範所有汽車的碳排放最大值，和每公升燃料行車里程數最小值。我們可以批准工廠與其他汙染源的碳排放規則。此外，我們可以訂定碳排放稅。我們可以對工廠、精煉廠、汽車製造商等單位發行可交易的許可證。我們可以投資研發技術以消除空氣中的碳，或鼓勵發展不會排碳的替代能源。

然而，想出減少碳排放的方法不難，真正的困難是：用市場導向、彈性的方法來執行，用最低的經濟成本來限制碳排放。

對很多環保人士而言，這些處理汙染的方法都沒有抓到重點，因為它們都不能達到零汙染。從我務實的經濟學家角度來看，必須聲明零汙染不是一個實際或有用的政策目標。零汙染意味著關閉大部分的產業和停止大多數的經濟活動。我們所有的政策選擇，無論是命令與控制或市場導向的環保政策，都需要允許一些汙染。主張絕對的零汙染是不可行的，也不夠理性。合理的政策目標是平衡生產效益與汙染成本，換言之，讓生產的社會成本與社會效益彼此平衡。

第十三章

正外部性與技術

Positive Externalities and Technology

即使有法律保護，創新成功的公司
也只會拿到它所創造價值的三〇～四〇 %。

愛迪生（Thomas Edison）的第一個發明是投票計數器，性能非常好，可是沒人要買，愛迪生於是發誓：只發明人們真正會買的東西。另一位近代科學家高登．古爾德（Gordon Gould），他在一九五七年就有雷射的構想，卻延誤申請專利；雖然他有工作筆記足以證明自己是在什麼時候發展出這個構想，但他誤以為申請專利前，需要一個可運作的原型產品。等到他申請專利時，其他科學家已經將他的構想付諸實行。他花了二十年和十萬美元的訴訟費，才從這個發明中賺到一些錢。

這個例子說明了為什麼自由市場只能產出極少數的科學研究與創新——自由市場並不保證會給發明者獎勵。想像一家公司正打算投入鉅資研發一項新發明。如果計畫失敗，這家公司的淨利就會比競爭者遜色，甚至可能因虧損被迫退出市場。該計畫也有可能成功，但是在完全沒有規範的自由市場裡，競爭者正好可以偷走這個創意。企業推動創新會產生研發費用，但卻無法保證增加收入。因此，它的淨利仍然會比競爭者低，而且仍然可能被迫退出市場。

概念上來說，新技術與環境汙染正好相反。在前一章汙染的例子中，交易雙方之外的第三者得忍受環境成本。就新技術而言，在生產者與消費者交易之外的人，不需補償發明者就可從中受益。因此，創新是**正外部性**（positive externality）的一個例子。

驅動創新的關鍵元素，是創新者從研發投資得到大部分經濟利益的能力，經濟學家稱之為**「專屬性」**（appropriability）。如果發明者和廠商沒有從努力中獲得充分回報，他們就不會提出太多創新。對汙染等負外部性的適當措施，是找到一個使生產者正視社會成本的方法；相反的，對創新等正外部性的適當措施，則是幫忙補償生產廠商的創新成本，授予並保護智慧財產權是達成目標的一種機制。這樣的權利能幫助企業在一段期間內免於市場競爭，讓企業得以暫時賺取高於一般的利潤，以回報他們在創新方面的投資。

倒楣的發明家

在美國，智慧財產權的概念可回溯至憲法第一章第八條，提到「國會應該有權力促進科學與實用技藝的進步，保護作家和發明家的著作與發現，在一段期間內的獨家權利。」美國國會運用這個權力創立了美國專利商標局（Patent and Trademark Office, USPTO）以及美國著作權局（Copyright Office），協助發明者保衛這些權利。隨著時間，保護智慧財產權發展出四種形式：

- **專利**（patent）是由政府授權，於特定、有限期間內（在美國通常是二十年），獨家製造、銷售或使用一項發明的法律權利。
- **商標**（trademark）是表明商品來源並幫助賣家建立商譽的字詞、名稱或符號。常見的商標例子有 Chiquita 的香蕉名稱，或 Nike 的打勾符號。目前有超過八十萬個商標在美國政府註冊。只要商標仍然有在使用，廠商就可以無限期地更新商標。若產品停止使用，那麼該商標就會失效。
- **著作權**（copyright）是以法律保護原創作品（包含文學、音樂、藝術），在未獲作者同意下，不許別人複製或使用。目前的著作權保護是作者終生有效，再加上七十年。大體而言，專利法保護發明，著作權則是保護出版、歌曲與藝術。在某些領域，例如軟體，法律對於到底要不要把它當作發明或作品來保護，仍沒有定見。

- **商業機密**（trade secret）是指配方、過程、裝置或資訊項目，給予企業凌駕競爭者的優勢，它們不是常人所知或容易發現的，企業會用合理的努力來守密。最有名的商業機密也許是可口可樂的配方，它不是用著作權法或專利法來保護，而是由公司自己來守護。竊取商業機密有很多種方式，一九六九年有件知名案例，兩位攝影師駕駛飛機在杜邦化學廠上方盤旋，拍攝新的甲醇製程，結果被判竊取商業機密罪。法院裁決，認為杜邦以書面方式或使用圍牆與警衛等實際手段，已經用合理的距離來維護製程祕密，因此從飛機上拍照，屬於不適當取得商業機密的手段。

即使有專利、商標、著作權和商業機密等法律保護，創新成功的公司也只會拿到它所創造價值的三〇～四〇％。其他則會落入消費者或別家廠商口袋。發明者無法從發明中獲利，最著名的例子也許是伊萊．惠特尼（Eli Whitney）[13]與他的軋棉機。惠特尼的發明取得了美國最早的專利之一，但因為軋棉機對南方經濟如

[13] 伊萊．惠特尼（1765-1825）：美國發明家、機械工程師及機械製造商。除了發明軋棉機，還提出可互換零件的概念，對工業發展貢獻很大。

此重要，以至於社會（或者說是南方各州法院）就是不肯執行他的專利權。惠特尼挖苦地評論：「一個發明可以是如此有價值，以至於對發明者毫無價值。」

美國政府一向運用一系列的政策來補貼創新發明。它以獎金直接資助大學、私人研究機構和企業的科學研究。根據全美科學基金會調查，二〇〇八年美國約有三千九百七十億美元的研發費用，其中六五％由產業支出，二五％由聯邦政府支付，其餘是非營利與教育部門（包含州立大學）。美國大部分的研發費用是由私人企業支出，因為一九六〇與七〇年代太空和國防研究興起，使得政府支出金額的比重縮減。企業投入研發的優勢之一，是較能聚焦於短期內會有實質效益的應用技術。相反的，政府資助的研發較偏重影響層面，尤其是可能跨多個產業，而且可能在最近幾十年不會看到報酬，例如對物理學與生物學的觀念有所突破的研究。政府資助的研究經常會直接釋出給公共領域，任何想要的人都可利用其研究成果。公司資助的研究通常受限於專利與商業機密法，因此在很多案例中，政府資助的研究透過市場經濟，能更快散播與應用。

另一個鼓勵研發的方法，是提供企業研發支出的稅負減免，它的優點是很有

彈性。政府對於研發的直接支出是指政府表態贊成或反對某些領域的研究，也許偏向某種環保能源或醫療技術。研發的稅負減免措施，讓民間廠商得以自行發展研究領域。一九八一年美國開始有研發稅負減免，但因多屬短期，對提供產業從事長期的研發規畫，誘因仍不足。

專利：保護創新也阻礙創新

發明者是否有可能因為稅負減免、政府支付與智財權保護法，受到太多保護及太大利益？對此有一些爭論。補貼創新的最終目的其實是使消費者受益，而非使廠商更容易長期賺到龐大利潤。至少有一些發明者有可能受到太多保護？我們來看一些數據。

美國專利商標局每年核准二十萬件專利，裡面很多都只花相當短的時間研究。企業拿到一項專利平均需要三年，但是專利審查者在每個案件花大約十八個鐘頭，決定是否核准專利。雖然審查時間短，但是在二〇〇〇年中期仍積壓了七十五萬件專利申請書待審。有些案件在中途必須修正才能核准，但所有申請書大約有八五％最後會取得專利。同時期，全部專利只有〇．一％曾經發生實際訴訟。絕大多數的專利最後毫無經濟價值，但其中很少數的專利，終究產生非常大的經濟價值。此外，有些專利看起來很愚蠢，有家公司取得一件專利，是用切下的麵包皮來覆蓋有花生奶油與果醬的三明治，它花了很長時間控告其他三明治業者，最終沒能成功。

專利是用來預防競爭的，但對於其他想進入市場的競爭者而言，這些專利可能變成巨大（有時是永遠的）障礙，並且阻礙了額外的創新。例如一九七〇年代初期，全錄（Xerox）在影印機的各種元件上取得超過一千七百件專利。每當全錄改善影印機，就會把那個微小的改善申請專利。公司持續改善機器，且持續獲得新專利，因此沒有任何廠商可以進入影印機市場，因為沒有人可以通過所謂的「專利叢林」（patent thicket）。在一九七〇年代初期，美國反托拉斯當局說全錄濫用專利流程來創造獨占地位。全錄不承認犯罪，但同意放棄專利侵權訴訟，允許其他人使用其專利。果然，市場競爭像水閘被打開一樣，全錄在影印機市場的占有率，就從原本的九五％掉到一九八〇年的五〇％不到。

專利叢林在某些產業仍然是個問題，尤其在製藥與複雜電子等高科技產業，它們的產品可能要仰賴很多不同專利。還要考慮的是，新的創新經常建立在舊的創新之上。如果你給目前的發明者很多權力以保護其創新，那麼你也可能阻礙了建立在那些發明之上的創意發展。如果是由一群人合作取得專利，問題尤其嚴重，任何一位目前專利的擁有者，都可以阻擋新的發明。

從協助創新的立場來看，著作權保護期限也可能毫無理由地被延長。一九九八年通過的「Sonny Bono 著作權期間延長法案」增加了美國著作權期限，從創作人死後五十年延長到七十年。我們很難預測這額外的二十年，對個人創作者會有多大影響，但它的確對於最悠久的創作將要進入公共領域的媒體帝國影響巨大，例如迪士尼將要失去米老鼠的獨家權利。

經濟創新的最終目的不是要討好創新者，而是要鼓勵穩定持續的創新，以提高社會的生活水準。創新把美國從十九世紀的技術落後者，轉變為世界經濟強權，並且持續處於領先者的地位。創新對於美國未來的經濟成功，至關重要。

第十四章

公共財

Public Goods

順著每個人自利的本性，將無法創造公共財，
所以政府必須徵稅來建設。

你開車上班要經過高速公路嗎？如果你家失火了，當你撥一一九電話時，你期待有人接電話嗎？你可能不認為道路與消防局是商品，但經濟學家卻的確這麼想。我們每天都會用到一些公共財商品，但很難設想要跟市場競爭機制下的私人企業購買，典型的例子還有國防、基礎研發、道路、警察和消防局。這些項目歸類在經濟學家所謂的「公共財」（public good）。

公共財有兩個重要特性：它們是非敵對性（nonrivalrous）與非排他性（nonexcludable）。非敵對性是指商品本身不會因為更多人使用而變少。當你擁有的是私人商品，例如一片披薩，如果志明吃了它，春嬌就沒得吃了。再拿國防做比較，志明被國軍保護著，但並不會減少春嬌受到的保護程度。**非排他性是指賣家無法排除那些沒有付錢也能使用商品的人**。那片披薩是排他的，如果不買就不能吃。但如果某人不希望被軍隊保護，我們沒有實際可行的方法來排除他。

重要的是記得「公共財」這個專有名詞對經濟學家有很特定的意義，它不是指由政府提供的**有益的**（good）每樣東西。另一點也很重要的是，要認清把某個東西歸類為非公共財，不表示就沒有公共政策面的經濟性爭議。我們稱為公共財的很多東西，也不是完全的非敵對性或非排他性，但它們已經接近這兩個特性，使得私人市場很難提供。例如：

- 公共保健方案（例如疫苗接種）是非敵對性，因為人口增加並不會降低預防傳染病的效益，而且它有非排他性，因為效益會延伸到整體人口。
- 良好的道路系統提供社會各種效益。除了收費道路外，我們很難排除使用它的人。此外，除非是交通堵塞，否則我使用高速公路，並不會影響別人使用。
- 科學研究（事實上通常是創意）是非敵對性。如同湯瑪斯．傑佛遜（Thomas Jefferson）所言：「我將思想傳授他人，他人之所得，亦無損於我之所有；猶如一人引我的燭火點燭，光亮與他同在，我卻不因此身處黑暗。」
- 教育的很多效益不只是針對受教者，對於我們每個人也有效益，讓我們生活在一個絕大多數成年人都可以閱讀和了解基礎數學運算的社會。

當某些人從公共財得到效益，卻沒有付出相對的合理成本時，經濟學家把這個問題稱作**「搭便車」**（free-rider）。若你要人們為道路付費，就如同他們為食品雜貨付費一樣，想像一下可能會發生的困難。在工業化國家，人們知道無論他們同意付費與否，都會鋪設道路，而且一旦鋪好，政府無法或不可能阻止他們使用。出於自利的本性，大多數人會希望由住在附近的人出錢鋪路，而道路大部分是非排他性且非敵對性的，因此自己就可以「搭便車」。但如果每個人都做出這個自利的決定，那麼結果就是沒有人會鋪路，也沒有人會受益。

搭便車的問題在經濟分析上是重要的。大部分時候，經濟學主張生產者與消費者，順著自利的本性，就能為社會提供很多效益。但是在公共財的情況，如果每個人都順著狹隘的自利，結果就會變得更糟。

如果自利的市場運作行不通，那麼要如何創造公共財呢？各種社會機制可以幫助解決這個問題。舉例來說，公共廣播與公共電視如何生存？它們通常綜合運用社會壓力（認捐活動、大量郵件）和誘因（捐款感謝禮、會員福利與活動、特別節目）來說服你捐款。它們結合了大眾對捐款者的認同，並且使沒捐款者些微感到愧疚，試圖克服搭便車的問題。

政府課稅即是要公民為公共財付費，無論每位公民是否想要多少數量、哪些商品。這適用於政府直接提供的商品（例如軍隊或法院系統），或間接由民間承包商提供的商品（例如道路與大樓）。當我們說政府提供公共財，其實是政府收稅來支付這些商品；至於是由公務人員或民間支應，則仍有待商榷。

繳稅是用強迫的方式克服搭便車問題：如果你不為公共財納稅，就讓你坐牢，這些效益與成本是隱含在社會契約中的一部分。如果社會成員不用某種方式合力提供公共財（經由政治或社會機制），則大家都會蒙受損失。

第十五章

貧窮與福利計畫

Poverty and Welfare Programs

安全福利網不應是難以起身的吊床，
而是能緩衝你掉落的力道，並讓你再彈上去。

市場可以輕易地為某些人創造高收入，卻讓其他人處於貧窮狀態。市場經濟裡，會有一些幸運、占優勢、有才幹或是非常努力工作的人，最後擁有高收入。也會有一些不幸、居劣勢、有缺陷或是明顯懶惰的人，最後陷入貧窮。

但是經濟學家所謂的「貧窮」是什麼意思？如何決定貧窮線或貧窮率？回到一九六〇年代，當時美國政府還沒有對貧窮做出官方定義。一九六三年對於貧窮家庭的操作型定義是年收入低於三千美元的家庭，這裡沒有因小孩數量或是單親、雙親家庭而做調整，而且三千美元除了是一個整數外，事實上並沒有強烈的理由支持這個數字。當時的統計兼經濟學家莫莉·奧珊斯基（Mollie Orshansky, 1915-2006）在社會安全局任職，該機構的任務是讓社會福利能提供窮人足夠的收入。而她先前在農業部任職的工作，須統計養活不同規模的家庭要花多少錢？奧珊斯基因此有創意的結合這兩個觀念，以食物成本來決定生活成本，從而導出貧窮的定義。

找出「貧窮線」的故事

奧珊斯基對貧窮的定義，是先確定給家庭所有成員提供基本飲食要花多少錢（採用此數據的優點，在於會根據家庭規模自動調整）。首先是用農業部的「節約食物計畫」，也就是必要食物的成本，奧珊斯基依年齡、小孩人數、父母人數等變化，決定了六十二個不同類型家庭的食物預算，而且把農業家庭分開計算，因他們自己可種植部分的作物。

奧珊斯基隨後主張食物支出應該占家庭預算約三分之一。這個數字來自一九五五年的一項研究，發現三分之一是全國家庭的平均值。她把每個家庭類型的食物預算乘以三，得出六十二個家庭類型的貧窮定義。接著她指出此系統背後的基本理由，那就是照料家庭涉及取捨的考量。她說：「**窮人不只是比較沒錢而已，他們的錢根本不夠用。窮人無法在花錢買一個生活必需品的同時，不從手裡拿走另一個。**」如果人們要在生活必需品之間做取捨才可能養家餬口，那麼就已符合貧窮的定義。

奧珊斯基請人口普查局計算有多少美國公民落在她定義的貧窮線之下，最後估算出，當年約有二千萬個美國小孩，生長在貧窮線以下的家庭。

奧珊斯基的貧窮定義很快傳開，一九六四年首見於重要的政府報告，到了一九六九年成為政府的官方定義，直到今天仍然沿用，只有些微調整。個別針對農業家庭與女人當家的家庭所做的貧窮線，在一九八一年廢止，並新增有八個或九個小孩的家庭類別。

如同奧珊斯基強調的，貧窮線定義的實際收入並非很多錢。例如二〇一〇年四口之家（父母兩人和兩個小孩）的貧窮線是二萬二千一百六十二美元（約合新台幣六十六萬五千元）。現在，我們說這個家庭在食物花了收入的三分之一，也就是每年七千三百八十七美元或是每天約二十美元。每天三餐、每餐四人，可得出全年每人每餐約一．六六美元（約合新台幣五十元）。這的確不是一個很高的生活水準。

衡量貧窮的任何方式，都容易遭受一連串的質疑。舉例來說，奧珊斯基的公式是基於家庭把收入的三分之一花在食物上來推估，但家庭對食物的平均支出，在過去幾十年事實上是下降的，目前大約是五分之一，然而，我們一直沒有將倍數改乘以五來計算貧窮線。此外，奧珊斯基使用的節約食物計畫，並不能代表每天的生活水準，它只是家庭在一段有限期間內可以勉強餬口的程度。很少有家庭會每天只吃燕麥片、豆莢與甘藍菜所組成的最基本飲食。

奧珊斯基設立的貧窮線，每年都依通貨膨脹率進行調整，因此也會隨著時間上升。但為了反映經濟成長和我們生活在更富裕的社會，貧窮線是否也應該跟著上升？貧窮是和其他社會成員相比：我們難道不該在某種程度上和富人相比，藉以定義窮人？是否要考量科技帶來的影響？行動電話與家庭上網在二十一世紀屬於貧窮線生活水準的一部分嗎？是否要考量地理環境的不平等？高收入、高生活成本的地區（在美國如加州或紐約州），貧窮線難道不該高一點？而在低收入、低生活成本地區（在美國如阿肯色州或南達科他州），難道不該稍微低一點？

另一個問題是**如何定義「收入」**。我們應該把醫療補助保險與食物券視為一種收入嗎？是否要考量稅收減免，例如薪資所得租稅抵減（Earned Income Credit）（譯註：Earned Income Tax Credit，有時候簡稱Earned Income Credit）給窮忙族（又忙又窮的家庭）提供的額外收入？如果窮忙族沒有雇主提供的健康保險，這個家庭的收入是否其實比有這項福利的家庭低？即使在書面上他們的實得薪資是相同的。

你越深入思考，就會浮現越多問題。已經有很多人提出衡量貧窮的替代方案。例如在一九九〇年代中期，美國國家科學院建議，藉由觀察一般家庭在食衣住的花費，然後把貧窮線設定為這筆費用的百分比。美國人口普查局根據多種定義，發表了多種貧窮率的統計資料。但政府專案計畫是以官方定義的貧窮線決定符合資格者（例如醫療補助保險），這條線基本上仍然和奧珊斯基的原始方法相同，只隨著時間根據通膨率調整。

美國政府是以收入低於貧窮線的人口比重來計算貧窮率。一九六〇年，美國人口低於貧窮線的比重大約是二二．二％。在一九六〇年代的經濟快速成長期，這個數字顯著下降，到一九六九年是一二．一％，一九七三年是一一．一％。但是一九七〇年代經歷景氣大衰退與高通膨，一九八二年貧窮率上升到一五％左右，然後就停留在這附近，小幅波動直到一九九三年。在一九九〇年代後期的經濟熱絡成長期間，貧窮率再次下降，到了二〇〇四年是一二．四％。但經濟衰退再次衝擊時，貧窮率提升到二〇〇八年的一三．二%和二〇〇九年的一四．三%。簡言之，從一九七〇年代起，減少貧窮族群這方面就沒有明顯進展。

有改變的是窮人的人口狀況。回到一九六〇與七〇年代，如果你必須用一個字來形容窮人，那麼「老年人」會是一個合理的選項。但由於社會安全退休金、醫療照顧保險和類似計畫，這個字不再適用於今日。老年族群的貧窮率現在已不會高於其他年齡層，特別貧窮族群的最有可能是女人當家的單親家庭。

幫助窮人的最佳方式是什麼？俗話說：「給人一條魚，他可以吃一天；但教人釣魚，他可以吃一輩子。」當你思考貧窮問題時，上面這句話包含了重大的真相與巨大的困境。很明顯，讓人自給自足比讓他產生依賴心更好，但是在給人們立即幫助，以及幫他們學習自助之間有一種矛盾：當你教人釣魚時，他想要吃的是什麼？在學習過程中需要給他魚吃，等他學成之後才停止給魚嗎？是否會有這個人拿走了魚，卻不學技術的潛在風險？

社會救助的兩難

嘗試幫助這些低收入者的每個方法，都會遇到這個敏感問題。如果一個富裕的社會不幫助窮人，似乎是殘忍不道德的；但如果社會幫助窮人，就會在某種程度上減少了窮人自力更生的誘因。社會安全網不應該成為吊床，不應該成為很難進入或很難出來的東西，它應該更像高空鞦韆表演者下方的安全網，緩衝你掉落的力道，也幫助你再彈上去。

為了解這些權衡取捨，並使問題最小化，我們先提一個基本方案來幫助窮人：假設美國政府保證所有公民至少可得到貧窮線的收入，因此，四口之家的雙親保證收入不低於二萬二千一百六十二美元。如果賺不到這個收入，政府就會補足。這個提案除了似乎不夠慷慨之外，哪裡可能出錯？

這個牽涉到誘因問題。如果家裡沒人工作，它的總收入是二萬二千一百六十二美元，全部來自於政府。現在如果丈夫找到全職工作，每年工作二千小時，但每小時只能賺八美元，年收入是一萬六千美元。他努力賺一萬六千美元的結果，是全家收入被提升到二萬二千一百六十二美元（你猜對了），正好和他完全不工作是相同的。我們假設妻子找到一份兼差工作，每年賺到額外的八千美元。這使得全家收入變成二萬四千美元，這時他們是在貧窮線之上了。現在這對夫婦每年的工作總時數是三千小時，而他們的總收入只比他們都不工作時多出一千八美元。此外，如果他們兩人都去上班，可能有額外的小孩看護費與交通費支出，而且還要繳稅。相較於他們都沒工作的結果，他們很可能寧願不外出賺錢。

經濟學家把這個問題稱作**「負所得稅」**（negative income tax）。當政府在一個人賺到額外收入時減少他的福利，就會發生負所得稅。把這個概念和熟悉的正所得稅對比，正所得稅是你賺錢時，政府拿走其中一部分。這兩種稅都會降低工作動機。在這個例子中，負所得稅設定為一〇〇％，也就是每當家庭賺到一塊錢（在到達貧窮線之前），他們就失去政府福利中的一塊錢。對這個家庭來說，他們沒有動機去做一份低薪工作，沒有誘因讓他們跨出就業的第一步，因為他們去工作其實沒賺到錢。**當負所得稅是高的，就會創造一個貧窮陷阱。**

你可能會認為這只是個有趣的假設，沒有傻子會設立一個讓工作者沒有回報的福利制度。但美國政府事實上正是這麼做的。美國主要的福利計畫，失依兒童家庭補助（AFDC），在一九六〇、七〇與八〇年代提供一〇〇%的負所得稅，實際情況甚至比剛才的例子更糟。外出工作的家庭不但在賺到一塊錢的時候失去AFDC的一塊錢，而且還損失了食物券與醫療補助保險等福利。尤有甚者，有收入的人還要為工作賺到的錢繳納正所得稅，進一步減低實得薪資。換句話說，負所得稅在這麼多年來是高於一〇〇%！

設計「誘因」

如何解決貧窮的陷阱？有幾個方法可用。其一是緩步淘汰新近就業家庭的福利。在這個概念下，一九九六年推出貧困家庭臨時補助（TANF）取代AFDC。這個新計畫雖然會隨各州調整，但每賺一塊錢時TANF的福利通常只減少五〇%，而非以往的一〇〇%。五〇%的負所得稅仍然很嗆，但至少有一些誘因讓他們出去工作。

美國運用的另一項政策是薪資所得的租稅抵減，這是當低收入戶賺錢時，給他們額外的收入，以協助抵銷政府撤回的其他福利。對於單身沒有小孩的工作者，這個方案在二〇一〇年的運作方式如下：當你賺到的收入未達一萬二千五百九十美元，你會得到額外四〇%的退稅（最高為五千零三十六塊美元）。介於一萬二千五百九十與一萬六千四百五十美元，你得到五千零三十六塊美元的退稅，相當於你在一萬二千五百九十美元時所得到的，不多不少。超過一萬六千四百五十美元時，福利就會減少，你每多賺一塊錢，退稅金額會比原本少二十一分錢。這個模式在此收入水準以上會導致負所得稅，政府必須把福利逐步淘汰！有趣的是，經由薪資所得租稅抵減所支付的金額，在二〇〇六年約四一〇億美元，遠大於當年支付的福利金額。

避開人們對於工作的負誘因（negative incentive）問題，美國嘗試的另一個方式是規定他們要去工作。從一九八〇年代晚期到九〇年代中期，各州通過一連串的福利改革，要求得到福利的人回去工作（或參加職訓計畫），通常是在申請到福利的二年內。這些改革也削減終生福利，通常是改為五年。一九九六年，得到福利要去工作的規定，被整併入新推出的ＴＡＮＦ計畫。一九九四年，大約有一千四百萬人享有原先的AFDC福利計畫。在二〇〇一年景氣衰退之後，獲得TANF的人低於六百萬。

避免貧窮陷阱的另一個方式是提供實物的幫助，意即以某個非現金的服務來支持，醫療補助保險與食物券都算是。這種方法經常受政界歡迎，因為它們似乎意味窮人不會輕率使用公共援助。**但經濟學家指出，實物幫助也有誘因的問題。**舉例來說，醫療補助保險可能會創造一個「就業鎖」，你會擔心轉換到付更多薪水但沒有健康保險的工作，理由是可能因此失去醫療補助保險福利的資格。

貧困家庭臨時補助、薪資所得租稅抵減、醫療補助保險與食物券，並非美國政府對窮人的全部協助。另外有幾十個聯邦計畫，其對象資格是依照收入水準，從住宅補貼到學校午餐、家庭能源的協助都有。這些計畫創造了援助與誘因之間的潛在取捨。其中有些計畫，我們不太擔心取捨；例如，我們不期望老年人或學齡兒童去上班。但我們仍然需要意識到，大多數計畫都在援助與誘因之間拔河。最終的目標應該不只是分配金錢，讓人們有高於貧窮線的收入，而是幫助人們發展他們需要的技能，讓他們在不斷變動與成長的社會裡謀生。

第十六章

所得不均

Inequality

根據研究估計，所得不均的擴大，
約有二成是由於全球化對工資造成的壓力。

貧窮與所得不均（inequlity）的主題經常糾纏在一起，但它們完全是兩回事。就如我們討論過的，貧窮是指收入低於某種水準。另一方面，所得不均是形容低收入者和高收入者之間的差距。貧窮率下降時，很有可能社會貧富不均的程度便會上升。例如，當經濟強勁成長時，會幫助窮人變得稍微有點錢，但會讓富人多更多錢。同樣的，當股市大跌經濟衰退時，很可能窮人稍微變差一點，但富人可能輸個精光；在這個情況下，貧窮率提高了，但所得不均程度反而下降。

基本上，人們出於不同理由而關切貧窮與所得不均問題。貧窮讓人沒有能力負擔基本生活必需消費；所得不均影響我們更多的是對於公平性的感受。在一個公平的社會，報酬和不平等不應該受到出生、家庭背景甚或運氣的擺布，而應該與人們的努力與技能有合理因果關係。

家戶所得五等份評估法

為了衡量所得不均狀況，我們需要用一些方式來描述整體所得分配（income distribution）的狀況，而不只是所得低的族群。標準方法是把所得分配分成五等份、一〇等份甚至是一〇〇等份，然後判別每一等份的所得占整體所得的比重。為了簡化，我們將採用五等份（有一些情況會用到前五％的族群），**如果所得分配的每等份，都恰好是那一年總所得的二〇％，那麼所得是平均分布的。**

來看看美國社會，最低所得組的比重遠低於總所得的二〇％，而最高所得組的比重卻遠大於二〇％。二〇〇九年，美國所得分配的最低組占總所得的三．九％。第二低的占九．四％，中間所得組占一五．三％，第二高的占二三．二％，最高所得組（所得高於十萬美元的家庭）占總所得的四八．二％。如果你進一步觀察最高所得組裡面，屬於所得分配前五％的族群（二〇〇九年所得高於十八萬美元的家庭），就占了社會總所得的二〇．七％。

一九七〇年以來，高所得者收入占總所得的比重有擴大的趨勢。一九七五年最高所得組占了總所得的四〇．七％，一九八五年占四三．一％，一九九五年占四六．五％，二〇〇〇年四七．七％，而在二〇〇九年又更高一些，占了四八．二％。在這樣的變化中，最高所得組占總收入的比重多了七個百分點，這是相當大的，而且如果你更仔細觀察最高所得組，增加的七個百分點，幾乎全部跑到所得分配前五%的族群。

這樣的所得不均，應該成為公共政策議題嗎？某種程度的所得不均其實是不可避免的。舉例來說，人們通常在二十幾歲時賺得比五十幾歲時少，然後在退休後所得再次下降。因此，在整個人口中，會有一些隨著年齡而來的所得變化。從某一年到下一年，你會看到變動發生，人們可能會有特別好或特別壞的一年。不同的產業（營造、農藝、投資、電子），都會有好或壞的年頭。而且人們會對自己的獲利能力有一些選擇，例如選擇何種職業生涯、工作時數、做幾份工作等等。某種程度上，這些選擇會導致所得不均。完美的平等，不是一個可達成的目標，較好的問題可能是，**我們目前所得不均的程度合理嗎？**

問題在「流動性」！

處理這個問題的一個方式，是觀察整個所得分配的流動性。在任何時候，所得分配都是一個概況。它告訴你在某個時點人們位於哪裡，而非他們正在向上、向下或是穩定發展。人們隨著時間移動的跡象，顯示他們不會一直陷入某個所得水準。為了判別人們在所得分配的移動，你需要持續追蹤同一批人，然而大部分政府不會做這種調查。它聚焦於整個人口，而非個人。然而，密西根大學的收入動態追蹤調查（Panel Study of Income Dynamics, PSID），從一九六八年就持續追蹤美國人口的代表性樣本。

PSID資料顯示，**人們在所得分配五等份之間的合理移動量，但這個移動大多是在一或二個等份之間發生。**處於所得分配最底層的人會上升一點，但他們很少能持續移動到最上面。同樣的，處於所得分配最上面的人可能會後退，但他們很少一直退到最底層。流動性的比率，並未隨著時間改變太多。國際比較過去三十多年，美國人並沒有比其他國家呈現更多的隔代流動性（也就是說，子代容易和親代保持在同樣、相近的經濟地位）。因此，所得不均逐漸上升又有一些流動性，但是更大的流動性卻不會抵銷惡化的所得分配。

是什麼因素驅使美國的所得不均在過去三十多年上升？全世界大部分的高收入經濟體，在同期間的所得不均也有一些增加。**最大的理由似乎是資訊與通訊技術的改變，以及它們對勞動市場的影響。**

如同本書討論過的，勞動市場不是一個龐大僵化的市場，而是由很多不同市場組成，例如營造工人的市場、醫生市場等等。技術工人的供給，隨著時間逐漸擴大，今天的學生比起他們的父母、祖父母更可能完成高中學業而且至少繼續上大學。但是科技的非凡發展，也明顯增加對技術工人的需求。例如，資訊科技明顯提升了技術人員的生產力，問問使用試算軟體編製財務報表的人，就可以告訴你其中差異。相反的，薪資水準較低的那一端，有很多低技術含量的工作都消失了，因為科技進步減少了對他們的需求。

但科技並不是所得不均惡化的唯一原因。進出口貿易（或全球化）的增加，意味著美國工人必須更直接和低工資國家的工人競爭，這會壓低企業對於美國低技術勞工的需求與工資。**根據研究估計，所得不均的擴大，約有二成是由於全球化對工資造成的壓力。**

工會的減少，已經改變美國的所得分配而且導致所得不均擴大。在歷史上，工會可促使所得平均分配。一九五〇年代初期，美國勞動力大約三分之一有加入工會。到了二〇〇〇年中期，工會成員的比重掉到一三％左右；如果你把公家機關的工會（例如教師工會）排除在外，民間部門的工人只剩下八%加入工會。

什麼公共政策可以降低所得不均？一個顯而易見的辦法，是對高收入的人課徵重稅。有趣的是，**隨著所得不均上升，那些高收入的人繳納的聯邦政府稅金比重也顯著上升**。根據美國國會預算辦公室的資料，一九八〇年收入排行前二〇%人的納稅額，占聯邦政府總稅收的五六．三%，其中不只包含所得稅，也包含社會安全稅、醫療保險稅、貨物稅以及他們最後透過公司所得稅間接支付的錢。到了一九九〇年，這個數字上升到五七．九%，一九九五年來到六一．九%，二〇〇〇年占聯邦政府總稅收的六六．七%，二〇〇七年占六八．九%。如果只看收入排行前五%的家庭，他們在二〇〇七年所繳的稅，占聯邦政府總稅收的四四．三%。總之，那些收入較高的人得到了更多收入，但他們繳納的稅金比重也更高了。

無論用什麼形式，把更多的金錢分配給窮人都會降低所得不均，但如同我們在前面章節討論的，這類政策必須小心設計才能維持就業動機。重新分配可能也無法處理使所得不均擴大的社會根本問題，例如接受良好教育的機會不一樣。

有些人大力提倡擴大薪資所得租稅抵減制度，這一個概念是如果某人全職工作，那麼我們應該要確保他們賺到像樣的工資。積極採用這個政策工具，來降低所得不均可能要付出高昂代價。但它可能也會給社會帶來很大好處，例如家庭穩定以及減少相關社會問題。

用於降低所得不均的政府預算，不一定要直接付現金給貧窮家庭。它可採取的形式有擴大公立學校或學校午餐計畫的預算。在某些地區，它可以是提升大眾運輸，低收入戶往往會比其他人更常使用。政府可以花更多錢在保護社區公共安全，例如在低收入地區配置更多警力。政府可以投入更多資源在公共空間，例如圖書館、公園、學校（尤其是課後輔導計畫）和社區活動中心等等。這類措施不是直接把錢分配給中低收入的家庭，但它們會增加公共空間和公共資源的安全程度，這才是低收入戶亟需的。雖然所得不均逐年惡化使我煩惱，但我比較擔憂的是窮人每天面對的生活條件，而不是富人的高收入。

第十七章

資訊不完全與保險

Imperfect Information and Insurance

資訊不完全，造成了保險市場難解的失衡問題。

想像一下，你打算買二手車，但對於汽車引擎根本一無所知。你知道你的資訊不完整，所以去讀《消費者報導》，上了一些網站，甚至花錢找技師檢查車子，但你仍無法確定車況。想像你發現有兩台車是你想要的款式，外觀差不多，但有一台價格接近預算，另一台卻只要三分之一價錢。你會買哪一台？

在一個資訊完全（perfect information）的世界，你的資訊告訴你這兩台車是一樣的，買下便宜的那台，那你就賺到了！但在一個資訊不完全（imperfect information）的世界，你得擔心很低的價格也許表示另有玄機。也許代表比你掌握更多資訊的人，認為那台低價汽車是不良品。因為資訊不完全，買家很難做決定。

市場上出現有意願的買家和有意願的賣家，一般情況假設雙方都明白自己得到的是什麼而自願交易。你給肉販十塊錢，肉販給你一片鮮美的肉。然而，現實世界充滿了資訊不完全的情況，可能會對市場運作方式造成問題。

想像一下，你在公司負責雇用員工，有應徵者在工作申請表的「期望待遇」欄填了一個數字，是你薪資預算的一半。這個價格真划算！你收集有關這個人更多的資訊如履歷、推薦人等等。但在那天下班前，你仍覺得不踏實。你的資訊不完全，不知道這個人到底是什麼樣的員工。你應該雇用他嗎？他願意為了你薪資預算五折的價碼來工作，表示他遲早會出亂子嗎？你就是無法確切知道。由於資訊不完全，風險和不確定因素就來攪局。

再想像你在銀行負責承作放款，有一個申請人說：「我真的很想要這筆貸款。我非常想要，因此我願意每年付給銀行比行情高一〇％的利息。」當然，你可以收集這位貸款人的財務資訊和公司資訊，但是貸款給一個願意付很高利息的人，你有什麼感覺？也許你會說：「對銀行似乎是很棒的交易，就放款給你吧。」但你更可能推測：「這個人似乎很急切，感覺他的風險會很高而且他心裡有數。如果他違約拖欠，即使利息很高，對經辦人或銀行都沒有任何好處。」

市場上有各種試圖降低資訊不完全的方法。萬一產品功效不像廣告所宣稱，這時公司的擔保、保證和服務合約有助於承擔消費者的風險。商標和品牌則可以讓消費者對商品品質較放心。在勞動市場，履歷和推薦人有助於減輕資訊不完全的問題，教師、護士、會計師、律師、物理治療師和不動產經紀人持有的證照亦然。在金融市場，信用評等、放款擔保人和抵押品等機制也有一樣的效果。

來自政府介入與制定資訊揭露的規則，在大多數情況，這類機制能讓市場順利運作，例如政府規定食品包裝上標示成分，使消費者選購時能有更充分的資訊參考；或要求企業揭露某些財務資訊並接受外部查帳。然而有些規範卻引發爭論。很重要的一例是，資訊不完全，造成了保險市場難解的失衡問題。

道德風險與逆選擇

保險市場包含私人保險（例如健康保險、汽車保險、產物保險、人壽保險）和社會保險（例如社會安全保險、失業保險、職業災害補償、災難補助）。保險提供者必須估計買家出事後要求賠償的風險，但是關於誰會遭遇什麼事的資訊卻相當不完全，因此保險市場可能面臨危機。

為了了解這個難題，我們先來看保險的運作方式。根據統計，我們知道一個群體有多少比例的成員可能發生某件憾事，但我們不確定該群體裡哪個人會出事。當人們購買保險時，他們把錢投入一個共用的基金，然後用這筆基金來賠償遭遇不幸的人。

拿一個簡單的汽車保險案例來說。假定某群體有一千個駕駛人，保險公司可以把他們分為四組。其中九百人在一年內不會發生任何事故；五十人只會遇到一些車門凹陷或掉漆痕跡等極小型的事故，平均每人要花一百美元；另外三十人會發生中型事故，平均每人要花一千美元；剩下的二十人會發生大型事故，平均每人的損害要花一萬五千美元。保險公司知道這些數據，但它不知道哪一位駕駛人在年底會落在哪一組。

看看這些統計數字，保險公司每年需要花費在這群駕駛人的總支出是多少？如果計算可能會發生的所有成本，將是三十三萬五千美元。因此，如果這一千位駕駛人每人每年支付的保險費是三百三十五美元，那麼保險公司會收到它所需要的三十三萬五千美元，足以負擔即將發生所有事故的總成本。當然，這個計算忽略了兩個關鍵議題。第一、保險公司提供這個服務時，需要支付員工薪資和經常費用，而且理論上要賺一點利潤。第二、在保險公司收到保費和支付理賠的時間之間，它可以把這筆錢投資於金融市場並賺取報酬。但是對很多保險公司來說，每年公司的營運成本與轉投資的報酬差不多打平，所以把公司收進來的保險費和付出去的理賠金做比較是公平的。

上述的保險市場其實隱含一個基本規則：平均一個人在一段期間內投入保險的錢，必須非常接近他在這段期間拿到的保險金。

保險公司的支出通常會跑到理賠金高的一小部分客戶手中。剛才提到的例子，三十三萬五千美元裡有三十萬美元是付給這一千人中的二十人，他們只占〇．二%。所以在一年結束時，那二十個人會覺得買保險有賺到，但絕大多數人可能覺得他們付錢給這個系統卻沒有拿回多少。同樣的道理可以適用於醫療險、產險或其他保險。

到目前為止，我們已經假設在群體中的任何一個人發生負面事件的機會是隨機且相等的。但如果不是這麼一回事呢？發生像車禍這種倒楣事的風險，在某種程度上可能是受到人們自己的行為影響。無論保險公司多麼仔細收集資訊，這個資訊都是不完全的。因此，會出現幾個問題。

第一個主要問題叫做道德風險（moral hazard），**意思是擁有保險會使人比較不會採取預防措施，來避免或阻止壞事發生。**被保險人比較沒有誘因改變習慣或改善條件，以至於對壞事更無招架之力。例如擁有高額火災保險的工廠，可能比較不在乎老舊廠房的防火問題。投保竊盜險的人，比較不會再購置保全系統。擁有健康保險的人，每當鼻塞或咳嗽時，會比沒有健保的人更可能去就醫。由於道德風險這個抑制因素，使得現在保險公司的總支出，比它們應有的支出還高。

保險市場的另一個重大議題是**逆選擇**（adverse selection）：**特別可能遭遇壞事的人，更可能購買保險；而風險很低的人就比較不會購買**。如果保險公司只是用平均損失來設定保險價格，那麼知道自己比一般人安全的那些人會退出市場，或頂多購買最低保額；另一方面，這個保險將承保較多風險偏高的人。當保險公司吸引了高風險客戶，就需要提高保費，但保費一旦提高，低風險和中風險的客戶就會退出，或是縮小投保範圍。因為逆選擇現象，保險變成一種遊戲，不再是分散全體保險人風險；而保險公司則會想要選擇低風險客戶，排除高風險客戶。

保險規畫中有各種方式來處理道德風險和逆選擇。排除條款、部分負擔和共同保險，可以把一些財務風險轉回客戶身上，而且可以鼓勵客戶盡量減少道德風險的行為。曾有個健康保險的相關研究顯示，當一群病人有適度的部分負擔而另一群病人沒有，結果有部分負擔者，使用的醫療資源會少三分之一，但實際上這兩群病人的健康狀況是相似的。

為了降低風險，保險公司可以做的另一件事情，就是取得更多客戶。客戶越多，越有可能使低風險的客戶保持在一個良好比率，來抵銷高風險族群的影響。因此，透過雇主買健康保險會比自己去買更便宜，而大公司裡員工的健康保險也會比小公司的更便宜。汽車車主投保幾乎是強制性的，低風險的駕駛人無法退出市場，也能減輕整體風險。

棘手的難題

在大多數工業化國家，健保市場本身存在資訊不完全的問題，多由國家控制的醫療體系來處理。這些國家以各種方式建立整體計畫，但有一個共同現象，那就是醫療領域裡資訊不完全的問題很大，以致自由市場無力解決。除了美國以外，全世界的政府都是藉由控制醫療供給量、何時應該提供醫療以及應該花費的金額，來處理道德風險的問題。這些國家把全國都納入保險，藉此處理逆選擇的問題。

你也許知道，美國在醫療領域花費的錢，比全世界任何工業國家都高出很多。根據世界衛生組織（WHO）的資料，二〇〇七年美國醫療支出（包含私人和政府提供的資金）大約是每人七千三百美元。相較之下，加拿大、法國、德國、日本和英國的每人支出介於二千七百～三千九百美元。醫療支出占國內生產毛額（GDP）的比重，在美國是一五．七%，在加拿大、法國和德國介於一〇～一一%，日本和英國大約是GDP的八%。總之，美國醫療領域的人均支出是經濟實力相當的其他國家的二倍。

上述情況一般解釋為美國的醫療服務和醫療研究，都有優異的品質。無論是在製藥或設備創新都有較好的報酬，對於醫師與護士的辛勞及教育投資也有較高的回報；然而，卻看不出美國醫療品質有比別人好二倍那麼多。美國醫療領域的高額支出似乎看不到顯著效果，尤其是考慮到二〇〇〇年代中期，仍有四千萬美國人完全沒有健康保險。

資訊不完全的難題，並沒有一個簡單的解答。在美國，政府幾十年來已是醫療計畫的最大金主，例如長期照顧保險（給老年人）、醫療補助（給窮人）、退伍軍人福利以及公務人員保險。二〇一〇年，歐巴馬總統簽署了病患保護與平價醫療法案（Patient Protection and Affordable Care Act），目標是擴大健康保險範圍並抑制成本。落實該法案確有爭議，二〇一〇年法案會使美國投入醫療市場的程度更深。同一期間，全世界很多國家的政府比美國更深入醫療保險市場，而且正試圖在醫療系統裡置入更大的競爭性和成本意識。沒有一個國家完全滿意醫療系統，也沒有人找到了神奇的方法與制度架構，可以在擴大承保範圍的同時，遏止醫療成本的上升。

第十八章

公司與政府治理

Corporate and Political Governance

最不信任公司治理的人，
最有可能相信政府可以監督企業。

有些人信任企業，但不信任政府；有些人信任政治領袖，但不信任民營企業。**經濟學家則對誰都不信任**。雖然企業領袖有能力以低廉的價格，提供高品質商品與服務，並提供員工好工作；政治家則能在符合公眾最大利益下制定有遠見的法案，但我們也知道有些企業領導人搞垮公司以自肥，有些政治人物對保住官位和收回扣的興趣，遠大於為民謀福利。這正是治理的議題，企業和政府組織要如何治理？什麼樣的誘因會對他們的領導者產生效果？

運用經濟學代理人問題（principal-agent problem）的分析架構，可以用來分析治理議題。在代理人問題中，委託人這一方想要激勵對方，也就是代理人以某種方式盡力工作。在政治領域，公民是委託人而政治人物是代理人，政治人物在理論上應依公民利益而行動。以公司而言，股東是委託人而經營者是代理人，經營者按理應該為了股東利益來做事。雇主和員工的關係，也有代理人問題。

代理人問題通常涉及資訊不完全，委託人很難知道代理人是否努力（或有效率地）工作，或是依委託人的最佳利益來做事。以雇用為例，從委託人和代理人的觀點看代理人的產出都十分清楚時（這位員工可能做安裝汽車擋風玻璃、銷售辦公用品或採收農產品），委託人和代理人可以商定依照產出來支付薪水。但大部分時候，產出不是完全看得見的。研究員的產出是什麼？速食店店員的產出是什麼？相對於代理人，團隊其他成員的產出是什麼？你如何處理員工無法控制的情況，例如設備故障或沒客戶上門。大部分情況，雇主在計算薪資福利時，很難排除主觀因素。

誰能監督代理人？

評估企業和政府領導人的產出績效，難度可能更高。公司目前情況或政局好壞是可以客觀評斷的，也許優秀的領導阻止了壞的情況避免向下沉淪，然而差勁的領導，則會讓好的局面無法更上層樓。公司股東或選民要如何辨別箇中差異？企業和政治的代理人問題中，還有另一個問題是委託人數量龐大，以致出現「搭便車」現象。對任一個別委託人來說，監督代理人可能得花費很大的精力。畢竟，在數千位股東或數百萬位選民中，為什麼是你花時間、成本和力氣，來監督公司或政府領導人的績效呢？此外，單一股東或選民的意見可能對代理人沒有約東力，除非該股東或選民獲得許多委託人的支持。換句話說，如果個別的委託人缺乏控制代理人的力量，那代理人將缺乏誘因完成有利於委託人的事。

近年來的一個經典案例是安隆（Enron）[14]公司。安隆是從事天然氣和電力相關商品買賣的公司，二〇〇〇年十二月三十一日的股價是八十三塊美元。之前股價在一九九八年上漲三七%，一九九九年上漲五六%，二〇〇〇年上漲八七%。好事接踵而至，安隆因為它的網路交易和長期契約策略，被《財星》（*Fotune*）雜誌的「最受尊崇公司調查」評選為「美國最具創新力的大企業」。但到了二〇〇一年十二月二日，一年內安隆已聲請破產而且因詐欺罪遭到司法調查。

一家公司怎麼會在不到一年時間，從標竿企業重重跌落，落到高階主管成階下囚的局面？當時有什麼預防措施運作失靈嗎？首先，個別股東缺乏控制力和誘因來監督高階主管。在大部分公司，股東選出一個董事會來直接負責雇用和監督高階主管，但通常同樣一批高階主管，也決定了董事會的成員。公司董事會的獨立性和中立性是值得質疑的。董事會成員不是全職工作，主要任務是參與年度一些大型會議，而資訊和議程是由同樣一批高階主管安排的（你猜對了）。因此，

[14] 安隆：從一家小公司，利用關係人交易，高估資產、操控利潤、隱瞞負債，快速躋身美國第七大企業、全球最大能源交易集團，在二〇〇〇年的營業額突破一千億美元，破產前曾擁有逾二萬名員工。財務問題在二〇〇一年十月曝光，終成為美國有史以來最大宗破產案，結果嚴重衝擊美國資本及金融市場，以及全球的投資市場。

積極的董事會仍然可以監督公司，但能做的卻有限。

上市公司依法必須被查核，且必須公布財務資訊。然而，在安隆公司瓦解後，我們更清楚看到有些稽核人員並沒有如股東期待，積極監督公司財務。畢竟，稽核人員是為公司工作拿公司薪水，同時卻要監督公司運作。我認為有些會計師可能產生類似稅務律師的心態，稅務律師的工作是鑽稅務法規的漏洞，想出方法逃稅，有些會計師似乎也覺得他們需要為公司發布一些獲利數字（不管現實情況如何）。安隆的外部稽核安達信會計事務所（Arthur Andersen），在二〇〇〇年從安隆得到五千二百萬美元的服務費，這筆錢無非就是協助安隆的高階主管脫困的誘因。

監督高階主管的另一個方法是大咖的外部投資人，例如持有大批股票的共同基金或退休基金。對公司的投資越大，越有誘因去注意公司的經營。但安隆案中，大型投資人也沒有發揮太大的功能。二〇〇〇年底，安隆的股票約六〇%是由大型投資人持有。二〇〇一年十月，在公司危機浮上檯面的數個月之後，大型投資人仍然持有約六成安隆股票。大型投資人既沒快速反應，也沒能積極監督。

那麼，還有誰可以監督大公司的高階主管？在現代金融市場，給投資人操作建議的股票分析師、放款給企業的銀行、財經媒體記者，這群人存在的目的都是為了評估公司的健康狀況，也有力量來監督高階主管。例如二〇〇一年三月，《財星》雜誌登了一篇顯著的報導並質疑安隆案，但沒多少負責監督的看門狗跟著吠。因為，股票分析師的薪資及資訊管道，仍取決於與公司的合作關係。同樣的道理也發生在記者和銀行家身上。沒有人想在「宴會」裡惹是生非，否則以後就被拒絕往來。

股票選擇權，一度被用來激勵高階主管認真為股東利益打拚。它的概念是如果高階主管擁有很多股票，那他們會更有意願提高股價。高階主管的股票選擇權在一九九〇年代開始非常流行，但它不一定能改善經營績效。有些主管盡其所能拉抬公司的短期股價（在一些案例中甚至包括詐欺），但是在跌價前賣出股票，留下爛攤子給其他股東收拾。

二〇〇二年安隆案及其他類似災難爆發後，國會通過沙賓法案（Sarbanes-Oxley Act）。在公司治理的制度上加入新規定，包含董事會的選任方式、稽核和股票分析師的規定，以及官方的會計監管委員會。這些規則可能有幫助，但需要成本，它們距離解決公司治理的代理人問題還很遙遠。高階主管仍有強烈的動機去發布高獲利訊息並領取高薪，很多高階主管的原本監督者，仍有強烈的誘因避免得罪職業生涯的幕後金主。看看一些銀行、金融機構在二〇〇七～〇九年景氣衰退前的不良放款及財務決策，就知道公司治理的大問題仍然存在。

代理人制度常失靈

把話題轉移到政府治理。最不信任公司治理的人，反而最有可能相信政府可以監督公司履行企業責任。但經濟學家指出，公司和政府都會出現類似的治理問題。

我們已知政府在市場經濟裡，可能扮演多重角色，以公權力改善社會福利：抑制獨占廠商、排除公司的違法競爭行為、減少汙染、扶持科技產業、提供公共財、對抗貧窮和所得不均，以及處理資訊不完全的問題。民主國家應該遵循美國林肯總統在蓋茲堡演講時的名言：「民有、民治、民享。」依民主的簡單理論，選民選舉和監督官員；但實際上，很多人根本不投票。最近一次二〇一二年的美國總統選舉，達到投票年齡的公民只有超過一半多一點去投了票。二〇〇八年選舉只有五七%投票率，二〇〇四年只有五五%，二〇〇〇年只有五一%。在都會區真的去投了票的人，通常只有當地選民的三分之一～四分之一。

人們為什麼不投票？不論何種規模的選舉，勝敗差距是以幾百、幾千甚至數百萬票來衡量，一個理性的選民理解自己的一票不可能造成差異，因此很多人不想關注選情或投票。經濟學家安東尼．唐斯（Anthony Downs）⑮在《民主的經濟理論》（*An Economic Theory of Democracy*）提出了這個問題：

> 對民主國家的很多公民來說，無論政治資訊本身透露了什麼，理性的行為是絕不考慮對該資訊多花費成本。不管該免費資訊對理性的公民透露政黨之間差距有多明顯，或自己也還不確定要支持哪一黨，他都明白自己的一票幾乎沒有機會影響選舉結果。

即使在過去十年來幾場驚心動魄、票數接近的選舉，差距也有幾百或幾千票，而不是你那一票。

⑮安東尼．唐斯（1930-）：美國著名政治學家、經濟學家，公共選擇理論的主要代表人物之一，現為美國布魯金斯學會經濟研究所（Brookings Institution）高級研究員。唐斯著述頗豐，最有影響力的著作是《民主的經濟理論》和《官僚制內幕》（*Inside Bureaucracy*）。

為拉升投票率，常見方案包括延長投票時間、選舉日訂在週末，以及放寬不在籍投票的規定。雖然美國已經朝這個大方向實施了數十年，讓投票越來越簡單，卻沒看到投票率有任何提高的跡象。

如果大多數人都不表露心聲，有誰會呢？答案是特定利益團體。它們人數雖少但組織健全，可能會對立法委員施壓，犧牲別人利益而制定獨厚對該團體的公共政策。為了這些特定利益團體，政治人物可以挾選票的力量，制定法律以圖利單一特定區域，地方建設經費即是一例，此時民主制度面臨好處集中在有限地區，但成本由全國人民負擔。

除了投票率低和特定利益團體的問題，當出現多重選擇時，選舉結果可能無法反映多數人的偏好。例如假設某選區六〇%人口是自由派，四〇%保守派，如果各推出一位候選人，自由派將獲勝。但是在一個三方角逐的選舉中，若有兩位自由派和一位保守派候選人，自由派選票有可能被分散，最後反而由少數派的政黨勝出。

公共治理最後一個難處，是政府很難退出。當廠商生產一個沒人要的商品，或是生產成本比競爭者高時，就可能虧損；如果不改變方式，早晚會倒閉。但是如果政府的計畫行不通，會怎麼樣？誰來撤銷政府的計畫？如果政府機關提供差勁的服務，又如何呢？誰來提供競爭以抗衡差勁的服務？除了少數例外，政府內部並沒有機制，允許較好的生產者參與。

若因為上述這些問題，就主張應該拋棄民主政治，當然是過度反應。但一個務實的經濟政策學者，需要認清民主政府不是由一群聰明、熱心公益的模範生統治。政府是由一群代理人組成，選民和公民試圖引導和控制方向，但不一定會有成效。即使是最有企圖心的政府措施，也可能使政局惡化而不是變好。

個體經濟學篇　總結

我們已經談完個體經濟學的基本原理，讓我們先來總結一些重大概念。經濟學需要同時理解下面幾個潛在對立的教訓，才能變成智慧：

- 市場是非常有用的制度，社會可以透過市場來分配其稀有資源。市場提供誘因來達成有效率的生產、創新、善用資源、滿足消費者需要和欲望，以及逐漸提高生活水準。
- 市場有時可能會產生我們不想要的結果：壟斷、不完全競爭、負外部性（例如汙染、無法支援技術或無法建立公共財）、貧窮、所得不均、資訊不完全以及管理不善的問題。

- 政府在處理市場問題時可以扮演有用的角色，但政府的行動也是不完美的，在某些情況下，甚至會造成自身更大或另外的問題。

思考經濟政策時，你的挑戰在於保持務實。市場發生的問題要誠實面對，答案要明確。對政府作為要實事求是，坦然面對權衡取捨和風險。當你採取這種方法時——無論最後達到什麼樣的政策結論——你也能像經濟學家般思考了。

零基礎也不怕，史丹佛給你最好懂的經濟學：個體經濟篇

The Instant Economist：Everything you need to know about how the economy works

〔本書為改版書，初版書名為《史丹佛給你讀得懂的經濟學：給零基礎的你，36個經濟法則關鍵詞》〕

作者	提摩太・泰勒 Timothy Taylor
譯者	林隆全
審訂	王培煜
商周集團執行長	郭奕伶
視覺顧問	陳栩椿
商業周刊出版部	
總編輯	余幸娟
責任編輯	羅惠萍　涂逸凡
封面設計	Javick 工作室
版型設計製作	廖婉甄
出版發行	城邦文化事業股份有限公司 - 商業周刊
地址	115020 台北市南港區昆陽街 16 號 6 樓 電話：(02)2505-6789　傳真：(02)2503-6399
讀者服務專線	(02)2510-8888
商周集團網站服務信箱	mailbox@bwnet.com.tw
劃撥帳號	50003033
戶名	英屬蓋曼群島商家庭傳媒股份有限公司城邦分公司
網站	www.businessweekly.com.tw
製版印刷	中原造像股份有限公司
總經銷	聯合發行股份有限公司　電話：（02）2917-8022
修訂初版 1 刷	2019 年（民 108 年）6 月
修訂初版 11 刷	2024 年（民 113 年）4 月
定價	320 元
ISBN	978-986-7778-68-0

國家圖書館出版品預行編目 (CIP) 資料

零基礎也不怕，史丹佛給你最好懂的經濟學：個體經濟篇
/ 提摩太 . 泰勒
(Timothy Taylor) 著 ; 林隆全譯 . -- 修訂初版 . -- 臺北市 :
城邦商業周刊 , 民 108.06　面 ;　公分
譯自 : The instant economist : everything you need to know about how the economy works
ISBN 978-986-7778-68-0(平裝)

1. 個體經濟學

551　108007756